SITES ET MONUMENTS XVI

marmaria

LE SANCTUAIRE D'ATHÉNA À DELPHES

ÉCOLE FRANÇAISE D'ATHÈNES

Sites et monuments

I — *Guide de Délos.*
II — *Guide des fouilles françaises en Crète.*
III — *Guide de Thasos.*
IV — *Médéon de Phocide.*
V — *Vins et amphores de Thasos.*
VI — *Guide de Delphes. Le musée.*
VII — *Guide de Delphes. Le site.*
VIII — *Guide de Malia. Le Quartier Mu.*
IX — *Guide de Malia. Le Palais.*
X — *Théâtres d'Argos.*
XI — *Les voyageurs français à Argos.*
XII — *Οι Γάλλοι ταξιδιώτες στο Άργος.*
XIII — *Όδηγος των Μαλίων. Η Συνοικία «Μ».*
XIV — *Όδηγος των Μαλίων. Το Ανάκτορο.*
XV — *Guide d'Amathonte.*

Clichés photographiques provenant des fonds de l'EFA :
P. Amandry : H.T. 2 ; Ph. Collet : fig. 2, 5-9, 16, 17, 19, 30-33, 40-43, 45, 58, 62, 64, 68-73, 78, 86, et 88-95 ; auteur inconnu : fig. 24.

Clichés J.-Fr. Bommelaer :
fig. 1, 3, 4, 13-15, 18, 25, 26, 29, 34, 35, 46, 61, 75-77 et 79.

Aquarelles originales de J.-Cl. Golvin : H.T. 3 et 4.
Dessins de D. Laroche : fig. 67 et H.T. 5.
Pour les images de synthèse en trois dimensions, voir la préface et le chapitre V.

Conception graphique de la maquette et couverture :
La Troisième Agence

Réalisation :
Marie-Christine Gaffory / Callipage

ISBN 2-86958-085-1

SITES ET MONUMENTS XVI

marmaria

LE SANCTUAIRE D'ATHÉNA À DELPHES

Sous la direction de
Jean-François BOMMELAER

avec la participation de

Marc ALBOUY
Contrôleur général d'Électricité de France

Jean-François BERNARD
architecte, Maison de l'Archéologie, Université Bordeaux III

Didier BUR
architecte, CRAI, École d'Architecture de Nancy

Bertrand COURTOIS
architecte, CRAI, CNRS/PirVilles

Marc LAPIERRE
informaticien, MTS/EDF - @Com

Didier LAROCHE
architecte, École française d'Athènes

Philippe MARTINEZ
archéologue, CNRS / Direction des Études et Recherches d'EDF

Guillaume THIBAULT
ingénieur, Direction des Études et Recherches d'EDF

ÉCOLE FRANÇAISE D'ATHÈNES **ÉLECTRICITÉ DE FRANCE**

Dépositaire :
De Boccard Édition-Diffusion
11, rue de Médicis F-75006 Paris

Table des matières

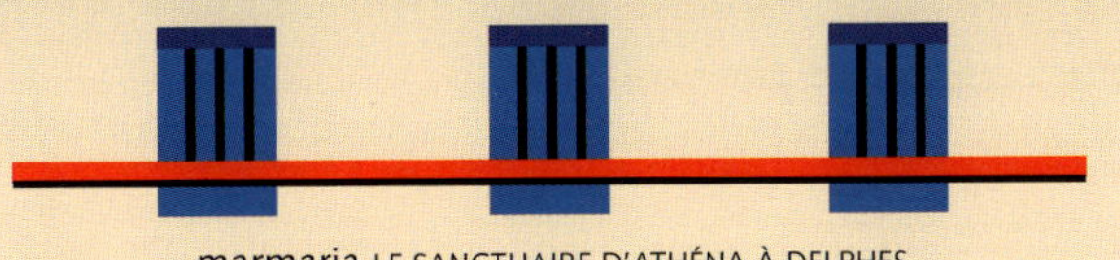

Préface

H.T. 2

Le sanctuaire d'Athéna, vue aérienne à partir de l'Ouest (de bas en haut, le temple en calcaire, la tholos, les deux trésors et le temple en tuf).

Le sanctuaire d'Athéna à Delphes, au lieu-dit Marmaria — les Marbres —, est aussi fréquenté par les touristes que celui d'Apollon. Il doit une grande partie de sa célébrité aux trois colonnes du monument rond (tholos) que les Français ont restaurées en 1938 : la tholos est devenue, au même titre que l'Aurige, le symbole de Delphes. Qui plus est, comme le montre ce livre, ce sanctuaire est peut-être l'un des mieux connus du monde grec, et comprend en tout cas une série de bâtiments, souvent exceptionnels par leur architecture, qui peuvent être restitués avec un degré inégalé de certitude.

Ce ne sont pourtant ni la célébrité du lieu, ni l'intérêt pédagogique du sujet qui expliquent la naissance de ce livre. Il est en fait la réponse à un défi lancé par la concurrence étrangère. En 1994, une équipe d'architectes japonais, dotée de moyens technologiques puissants, est venue étudier le sanctuaire de Marmaria. Pouvait-on laisser à d'autres le soin d'une synthèse en images sur un site où les Français fouillent et travaillent depuis un siècle avec l'accord du gouvernement grec ? D'un autre côté, nous savions que la technologie française n'était en rien inférieure aux technologies étrangères pour tout ce qui concerne les images de synthèse et la restitution de bâtiments en trois dimensions. Si nous n'avions pas utilisé jusque-là ces méthodes modernes pour l'étude de nos sites et l'illustration de nos publications, ce n'était pas par ignorance, mais par manque de moyens. Or ces moyens, un généreux mécène allait nous les octroyer.

La chance a voulu qu'en octobre 1994, Marc Albouy, Contrôleur général d'EDF, vînt à Delphes pour étudier les formes de coopération possibles avec l'École française d'Athènes, dans le cadre de la politique de mécénat technologique et scientifique d'EDF[1]. L'objectif visé à l'origine était le traitement des bronzes, le but atteint, en fin de compte, fut la restitution du sanctuaire de Marmaria.

Ce projet s'inscrivait en effet dans le droit fil de ce qui avait été déjà réalisé par EDF, en 1988, en Égypte, en collaboration avec le Centre franco-

(1) Sur les réalisations de cette politique de mécénat technologique et scientifique, cf. M. Albouy, *Du Titanic à Karnak, l'aventure du mécénat technologique* (1994).

égyptien d'études de Karnak[2]. Delphes offrait une excellente occasion de réaffirmer et d'affiner les méthodes et de relever certains défis technologiques. Les Français montraient ainsi qu'ils n'abandonnaient à d'autres ni Athéna, ni Apollon.

Jean-François Bommelaer, professeur d'archéologie, et Didier Laroche, architecte, qui travaillent depuis de longues années à Delphes, ont accepté de mettre leurs connaissances au service de cette entreprise ; le premier a assumé la responsabilité scientifique du projet et s'est chargé d'écrire le texte de présentation sur le sanctuaire. De son côté, Marc Albouy rassembla trois équipes, dont il coordonna les travaux :

— l'équipe des Études et Recherches d'EDF, qui s'était illustrée dans le projet Karnak et qui bénéficiait de la présence en son sein d'un archéologue rompu aux problèmes informatiques, Philippe Martinez ;

— l'équipe qui, à la Maison de l'Archéologie de Bordeaux, venait de terminer l'étude architecturale et la représentation d'amphithéâtres romains, dont celui d'El-Jem ; elle pouvait compter sur les connaissances de Jean-François Bernard, architecte spécialiste des monuments antiques ;

— enfin, l'École d'Architecture de Nancy dont les étudiants, guidés par Didier Bur, s'intéressaient aux représentations informatiques de l'architecture antique.

La représentation des monuments a été répartie entre les trois équipes de la façon suivante :

— à la Maison de l'Archéologie de Bordeaux ont été confiés les temples (temple en tuf et temple en calcaire) ;

— à l'École d'Architecture de Nancy, les trésors (trésor dorique, trésor de Marseille) ;

— la Direction des Études et Recherches d'EDF a été chargée de la tholos, des monuments annexes et de la topographie générale.

Par ailleurs, l'ensemble des participants a profité des compétences de chacun. La Maison de l'Archéologie de Bordeaux a créé sur ordinateur une grammaire architecturale ; EDF a analysé les différentes hypothèses sur la restitution de la tholos et a replacé les monuments dans leur environnement naturel ; Nancy a apporté son savoir-faire pour la représentation des ombres et des couleurs, ainsi que pour le calcul des ensembles complexes.

En juin 1995, une équipe d'EDF s'est rendue à Delphes pour réunir des informations complémentaires. Munie d'un appareil de relevé laser en trois dimensions, à la fois original et performant, mis au point précédemment par EDF et la société Mensi, elle a scannérisé les parties sculptées afin de les insérer dans

(2) Cf. *Karnak, le Temple d'Amon restitué par l'ordinateur* (1991).

les restitutions. Ces formes complexes (chéneaux courbes à têtes de lions, métopes sculptées, blocs d'acrotère...) ne pouvaient en effet être traduites par les moyens classiques de la CAO. Il s'agissait aussi de vérifier certaines hypothèses comme la disposition intérieure de la tholos ou son système de couronnement.

Au total, le travail aura duré quatorze mois. Les six premiers mois de l'année 1995 ont été consacrés à la représentation des monuments et à la discussion des hypothèses. Pendant les mois d'été, toutes les données concernant le décor sculpté ont été intégrées dans les matrices, et le paysage a été restitué aux époques classique et hellénistique. Pendant le dernier trimestre de 1995 et les trois premiers mois de 1996, tous les détails ont été vérifiés et discutés : réalisation des textures et des couleurs, restitution des monuments dans le cadre naturel, choix des perspectives...

À l'exception des aquarelles de Jean-Claude Golvin, les perspectives du site ou les restitutions des bâtiments ne sont pas des dessins, mais des vues calculées par ordinateur à partir de la base de données tridimensionnelles. Elles sont en nombre restreint pour des raisons éditoriales, mais pourraient être multipliées : telle qu'elle est constituée aujourd'hui, la base de données constitue une véritable synthèse des connaissances architecturales concernant le site de Marmaria. Cette synthèse représente un progrès scientifique notable. Ainsi les différentes hypothèses sur la restitution de la tholos ont pu être testées, et, sur bien des points, les solutions ont été trouvées, ou le champ des possibilités a été restreint.

Les images créées à partir de cette base donnent une vision nouvelle du sanctuaire : on peut se promener librement dans l'aire sacrée, et contempler les monuments à hauteur de vue, comme les vit Pausanias au IIe s. de notre ère.

Surtout, cette base de données peut évoluer et intégrer toute nouvelle trouvaille que l'on fera sur le site, car l'on fait encore des découvertes à Delphes !

Il serait souhaitable que cette fructueuse expérience soit étendue et qu'après le sanctuaire « secondaire » d'Athéna on s'intéresse à celui d'Apollon, maître des lieux. Ce ne sont pas les projets qui manquent. Nous souhaitons que ce livre ouvre la voie à d'autres collaborations entre l'École française d'Athènes et le mécénat technologique EDF pour la valorisation du patrimoine mondial.

Roland ÉTIENNE
Directeur de l'EFA

Marc ALBOUY
Contrôleur général d'EDF

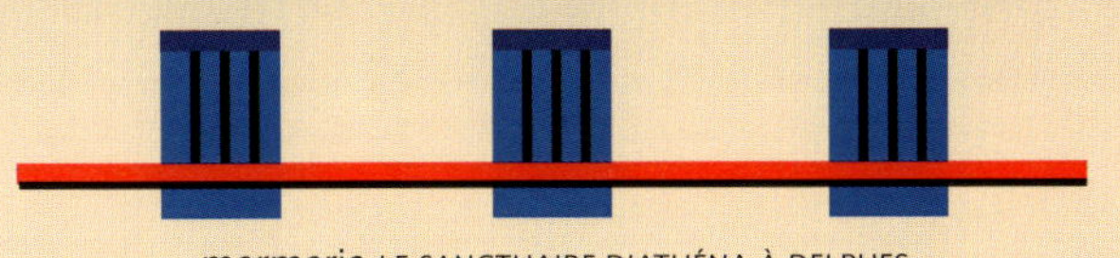

CHAPITRE I

Présentation de l'ouvrage

1. Les fouilles et leur publication

Au moment où la Grèce reconquit son indépendance (reconnue par les traités d'Andrinople et de Londres, en 1829-1830), on y dénombrait des dizaines de villages appelés Castri. Sous l'un de ceux-ci était enfoui le grand sanctuaire oraculaire d'Apollon Pythien, dont tout homme cultivé, de l'ancien monde ou du nouveau, avait entendu parler au cours de ses études. Mais les habitants du lieu, dépouillés de leur propre culture par des siècles d'occupation étrangère, ne connaissaient pour la plupart ni le nom d'Apollon ni même celui de Delphes.

On les renseigna, bien entendu, de sorte que Delphes reprit son nom antique en 1851. Mais, comme les archéologues désiraient obtenir la permission de fouiller le célèbre sanctuaire, on mit le problème à l'étude et on comprit qu'il faudrait commencer par déplacer les maisons. Parmi les compétiteurs, c'est l'École française d'Athènes qui finit par obtenir de l'État hellénique, pour dix ans, la concession désirée, ainsi que, de l'État français, les moyens nécessaires. Elle transféra le vieux village à l'emplacement actuel et fit, à partir de 1892, ce qu'on est convenu d'appeler la « grande fouille ».

Et **Marmaria** ? C'était alors un simple lieu-dit perdu dans une olivette. Des sondages conduits par un architecte du gouvernement hellénique avaient bien révélé, dès 1838, que son sol recélait des vestiges architecturaux. Mais, a priori, le site ne devait pas rivaliser avec celui du sanctuaire d'Apollon : ni par le sentiment d'une urgence prioritaire, car il fallait d'abord fouiller à l'emplacement du village exproprié ; ni par son intérêt historique, car le sanctuaire dont l'existence était attestée là avait appartenu à Athéna, déesse moins importante à Delphes qu'Apollon. Son tour viendrait, mais ensuite.

Fig. 1

Vue du Sud : le village et le site antique accrochés à mi-pente.

Pourtant, le nom de Marmaria est suggestif pour un archéologue car, en patois local, il évoque des marbres, c'est-à-dire presque sûrement des vestiges antiques ou byzantins. Il indique du même coup que les gens du pays devaient avoir exploité cette sorte de carrière. Et cette exploitation spontanée risquait d'être relayée par celle des collectionneurs. On ne pouvait donc pas se dispenser indéfiniment d'intervenir.

La fin de la concession décennale approchait. Après avoir, comme on disait alors, « exploré » le sanctuaire d'Apollon, le gymnase et une partie de la ville, l'École française rouvrit en 1900 les sondages de 1838. Mais c'est en 1901 qu'elle accomplit le plus gros de la tâche : toute la partie du terrain qui était alors accessible fut fouillée en quatre mois, avec les effectifs importants qu'on utilisait à l'époque. Les résultats dépassèrent l'attente, notamment en matière d'architecture.

Mais on savait que cette campagne ne pourrait pas suffire. Dès 1920, et chaque fois qu'on eut à résoudre un problème bien défini au préalable, l'École française a repris soit la fouille de tel secteur, soit l'étude d'un monument ou d'une catégorie d'objets. Conséquences : le site est resté vert et plein de charme, chacun en convient ; et cependant la publication des ruines a avancé plus vite dans ce sanctuaire que dans l'autre. Je n'entrerai pas ici dans le détail. Aussi bien l'École vient de faire le point sur ses travaux à Delphes, et surtout sur les résultats acquis, en

Fig. 2

Vue de l'Ouest en remontant la vallée du Pleistos : à gauche, sanctuaire d'Athéna.

éditant coup sur coup, juste avant le centenaire de la « grande fouille », son premier guide sur l'ensemble du site, un autre sur les principaux objets déposés au musée, et un ouvrage moins systématique, mais plus pittoresque, sur les conditions de « la redécouverte » (on en trouvera les références parmi les quelques titres répertoriés ici même, p. 133).

2. Caractère de ce livre

a. Un nouveau livre

Pourquoi mettre en chantier un nouveau livre trois ou quatre ans seulement après ces publications ? Il faut d'abord reconnaître que les colloques organisés à l'occasion du centenaire ont apporté des nouveautés en matière d'hypothèses de travail aussi bien que de certitudes achevées. Ajoutons les autres recherches qui sont nées dans le même mouvement, et dont certaines ont déjà donné des résultats qui ne sont pas encore tous publiés. Il sera tenu compte ici de tout cela, comme il se doit lorsqu'on parle au nom de l'institution responsable.

Mais, en même temps, nous sommes convenus de donner à ce livre des caractéristiques qui le mettront un peu à part des productions habituelles de

Fig. 3

Vue du Sud : à gauche du ravin de Castalie, le sanctuaire d'Apollon ; à droite, le gymnase et le sanctuaire d'Athéna.

l'École. Le lecteur n'a peut-être pas encore observé que nous avons sacrifié l'appareil érudit (de notes, de bibliographie et de discussions spécialisées) par lequel nous avons l'habitude de justifier nos assertions et de nous garantir contre la critique de nos collègues, au risque de décourager les non-initiés. Mais il aura sûrement remarqué que, pour une fois, nous utilisons en abondance une illustration en couleurs. C'est, bien entendu, que nous destinons ce livre au grand public. Mais cette évidence ne doit pas masquer le caractère original de cette illustration, sur lequel il vaut la peine de nous arrêter un moment.

b. De nouvelles images

Fig. 48-55

D'habitude, même dans nos guides, nous accompagnons nos textes d'une illustration à peu près aussi austère qu'eux : ce sont, en noir et blanc, des photographies et des dessins d'architectes (relevés et restitutions en deux dimensions, plus rarement en perspective) qui visent surtout à l'exactitude. Les vulgarisateurs, eux, ne craignent pas de transformer ces dessins, par exemple en y ajoutant la troisième dimension, voire des couleurs pour faire écho à leurs propres photographies. Or, même si ces restitutions-là ne sont pas toujours aussi fiables que nous le souhaiterions, force est de reconnaître qu'elles ont plus d'effet sur les imaginations.

Ne pouvait-on pas réunir les qualités de notre tradition et du système des vulgarisateurs ? Tant que la seule solution envisageable consistait à distraire des architectes de leur travail traditionnel pour une simple tâche d'illustration, le jeu ne paraissait pas en valoir la chandelle.

La réponse est venue du renouvellement des méthodes. La préface ayant exposé le rôle du Mécénat technologique et scientifique d'Électricité de France fédérant plusieurs laboratoires spécialisés dans le dessin et la conception assistés par ordinateur, je me contenterai de classer ici par types les tâches que l'intervention de ces laboratoires a permis d'accomplir, en liaison avec l'architecte Didier Laroche et avec moi-même [1]. On m'excusera d'adopter une présentation qui simplifie peut-être au point de schématiser.

1°. Moderniser l'illustration des résultats acquis antérieurement

Après avoir patiemment enregistré dans leurs machines toutes les données (formes et dimensions) qui se trouvaient dans les dessins de l'École, les ingénieurs, architectes et techniciens n'ont eu besoin que de quelques instants pour présenter d'une manière nouvelle les restitutions traditionnelles des monuments, par exemple en passant de dessins en deux dimensions à une perspective, ou en modifiant le point de vue indéfiniment, ou même en coupant les monuments à volonté : ex. fig. 10, 11, 65 et 80. À cela ils ont ajouté un rendu des surfaces qui

(1) Le pronom « nous » représentera D. Laroche et moi-même dans la suite de cet ouvrage, sauf au dernier chapitre (dû à plusieurs auteurs dont les noms seront indiqués au fur et à mesure).

imite le parement antique des matériaux comme on ne l'avait jamais fait au crayon, alors qu'il s'agit d'une composante essentielle de l'architecture (notamment dans le cas du temple en calcaire). Et puis le rayon laser a été utilisé pour enregistrer les formes complexes des éléments sculptés, surtout quand ils se répètent autour d'un bâtiment (comme les gargouilles du monument rond que nous appelons tholos), car la machine reproduit son propre relevé en l'adaptant très exactement quelle que soit la position de l'objet dans l'espace.

Fig. 74 et 116

2°. Vérifier le bien-fondé des reconstitutions matérielles qui sont actuellement présentées

La plus connue est l'anastylose qui, en 1938, a donné à la colonnade dorique de la tholos *40 des proportions inattendues. L'enregistrement par rayon laser des colonnes recomposées, bien que nous n'ayons pas eu le temps de l'exploiter à fond, me paraît de nature à confirmer, si besoin était, la valeur de cette anastylose.

Fig. 46

3°. Tester des hypothèses

Par exemple, pour pouvoir comparer nos restitutions à des exemples connus, faire varier par le dessin le nombre des colonnes corinthiennes à l'intérieur de la tholos ; ou bien leur superposer un ordre d'étage : on comparera les fig. 48-55 aux fig. 47 et 65. Ou encore disposer en perspective les monuments les uns par rapport aux autres sur la terrasse pour restituer les cheminements. Ou, toujours à l'écran, mettre en relation deux fragments de sculpture et les déplacer l'un par rapport à l'autre pour choisir la meilleure position, comme nous l'avons fait pour une statue acrotère de la tholos.

Fig. 59-60

On voit que, du premier point au troisième, l'ordinateur a changé de rôle : de simple instrument d'exposé de résultats, il est devenu un véritable moyen d'assistance à la recherche.

4°. Distinguons encore un quatrième niveau, où des questions, répliques et suggestions pertinentes viennent spontanément, sinon de la machine comme dans les romans, du moins de ceux qui la font travailler

Fig. 64-65

C'est ainsi que, dans la tholos, l'existence d'une relation entre le système supposé des colonnades intérieures et la forme à restituer à la porte de la cella nous a été signalée par le laboratoire de Clamart : bon exemple de ce qu'on appelle assistance à la conception.

Il y avait au moins deux raisons à ce que cela fût dit. La première était de rendre justice au travail des laboratoires, qui n'a pas été seulement d'illustration, mais aussi de recherche. La seconde était d'établir que beaucoup des images présentées au public dans ce livre sont nouvelles par le contenu scientifique dont elles sont porteuses aussi bien que par un style encore peu courant dans nos études.

Ces images sont perfectibles, nul ne le sait mieux que moi. Par exemple, si j'ai réussi à faire retirer les ailes dont les statues acrotères de la tholos avaient été munies, j'ai eu moins de chance avec les bras, encore représentés plusieurs fois comme dressés, alors qu'en réalité il n'y en avait qu'un de levé, mais avec la main tenant un pan de vêtement. Je n'en suis que plus reconnaissant envers J.-F. Bernard, de Bordeaux, d'avoir répondu avec tant d'empressement à toute demande de correction concernant ces deux exemples, et de ne pas m'en vouloir en constatant que le décor d'un de ses toits a disparu. Quant aux Nancéiens, leur mérite n'est pas seulement d'avoir modélisé les trésors, mais aussi d'avoir reconstitué d'autres fichiers informatiques endommagés lors de leur transmission avant de donner aux images ce poli dont ils ont le secret, au prix d'un travail acharné qui les a menés jusqu'au courant de l'été 1996.

Terminons par un mot sur les autres images. Ph. Collet, photographe de l'École, et moi-même, nous avons fait beaucoup de photographies pour cet ouvrage en privilégiant les points de vue nouveaux. Un certain nombre d'entre elles figurent naturellement telles quelles ici. Mais d'autres ont été jointes aux H.T. 3-4 dessins traditionnels et aux images de synthèse dans un dossier qui a permis à J.-Cl. Golvin de produire des restitutions d'un autre type encore, en exerçant son talent d'aquarelliste.

Mais je serais incomplet si j'oubliais d'écrire que le projet n'aurait tout simplement pas abouti sans la médiation que D. Laroche a constamment exercée entre des mondes si différents par leurs habitudes et leurs langages, en manifestant une égale compétence de part et d'autre. C'est une des raisons pour lesquelles j'estime un peu excessifs les honneurs qu'on me fait ici : bien entendu, j'ai assumé la responsabilité scientifique et la direction qui m'étaient confiées, mais cela ne signifie pas que j'ai tout pensé, tout dit ou tout vu.

Pour ceux qui ont consacré leurs soins à ces images de toutes sortes, la meilleure récompense serait d'apprendre qu'elles ont fait comprendre et aimer Marmaria par un plus grand nombre de nos contemporains.

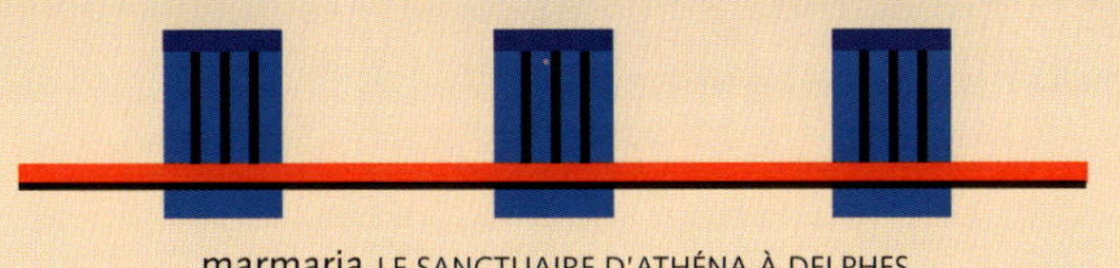

CHAPITRE II

Le site, son histoire et ses dieux

Fig. 4

Le golfe, le sanctuaire d'Apollon et celui d'Athéna, vus du Nord-Est.

Fig. 5

Le sanctuaire d'Athéna vu du Nord-Est : de bas en haut, le temple en tuf, les deux trésors, la tholos et le temple en calcaire.

1. Prise de contact

Marmaria se trouve à 500 mètres à vol d'oiseau du sanctuaire d'Apollon, Fig. 4-5 vers l'Est, au-delà du ravin de la fameuse fontaine Castalie, dans l'olivette qui H.T. 5 s'étend en dessous de la route actuelle d'Athènes. Cette zone, située à l'extrémité orientale de la ville classique, était déjà celle qu'on atteignait en premier quand on arrivait d'Athènes, de Thèbes et de Livadia.

*Depuis la route, on descend vers Marmaria par un sentier ; on peut prendre une vue d'ensemble avant la visite, l'Est étant à gauche et l'Ouest à droite. Un autre itinéraire, à partir du gymnase (situé au Nord-Ouest), est actuellement à l'étude. Si on s'arrête près de la grille moderne, on voit à gauche une petite terrasse de niveau intermédiaire et, plus loin, l'entrée Est du sanctuaire. En contrebas se trouve la terrasse principale qui comporte, de gauche à droite, la région des autels, le temple en tuf (*29 sur le plan), les trésors (*32 et *33), la tholos (*40) et le temple en calcaire (*43).*

L'ensemble, long de 150 mètres pour une largeur qui dépasse rarement 40 mètres, est presque partout entouré par un mur puissant, qui le soutient en aval (au Sud), ou qui le protège en amont (au Nord). Au moins pour partie, ce mur a été un *péribole* (enceinte), puisqu'il comportait, entre autres ouvertures, une véritable porte avec montants et linteau. Les principaux tronçons conservés, d'appareils différents, sont des environs de 500 et du IVe s. av. J.-C., qui est donc la date la plus basse possible pour le plan visible aujourd'hui. Pour ne pas raffiner outre mesure, nous considérerons ce plan comme celui de l'époque classique, H.T. 2 et 4 quoiqu'il ne soit pas absolument impossible que le sanctuaire ait débordé au-delà de ces murs dans une des zones non fouillées.

2. Historique

a. Avant le sanctuaire classique

Qu'y avait-il eu là auparavant ? Nous avons depuis peu renoncé à la thèse d'un sanctuaire d'époque mycénienne. Les nombreuses figurines féminines de cette époque (IIe millénaire) qui ont été retrouvées ne sont pas typiques des lieux de culte. Elles avaient été disposées là, de manière groupée, à l'époque archaïque (VIIe ou VIe s.), par des gens qui, probablement, s'excusaient ainsi d'avoir ouvert des tombeaux. Donc c'est une nécropole que le sanctuaire de Marmaria a remplacée. Quant à l'habitat mycénien, qui incluait au moins un sanctuaire, il s'était étendu loin de là, de part et d'autre de la limite Nord-Est du futur sanctuaire d'Apollon.

Fig. 6-9

H.T 5

Les premiers indices manifestes d'un culte rendu à Marmaria sont des objets de bronze, qui sont apparus ici à peu près en même temps que sur le site de l'oracle apollinien, c'est-à-dire au VIIIe s. av. J.-C., voire dès la fin du IXe. Rien ne différenciait alors ce qu'on offrait sur un site ou sur l'autre, mais il n'y a pas de raison pour attribuer notre sanctuaire à une divinité autre qu'Athéna.

Fig. 88 et 90

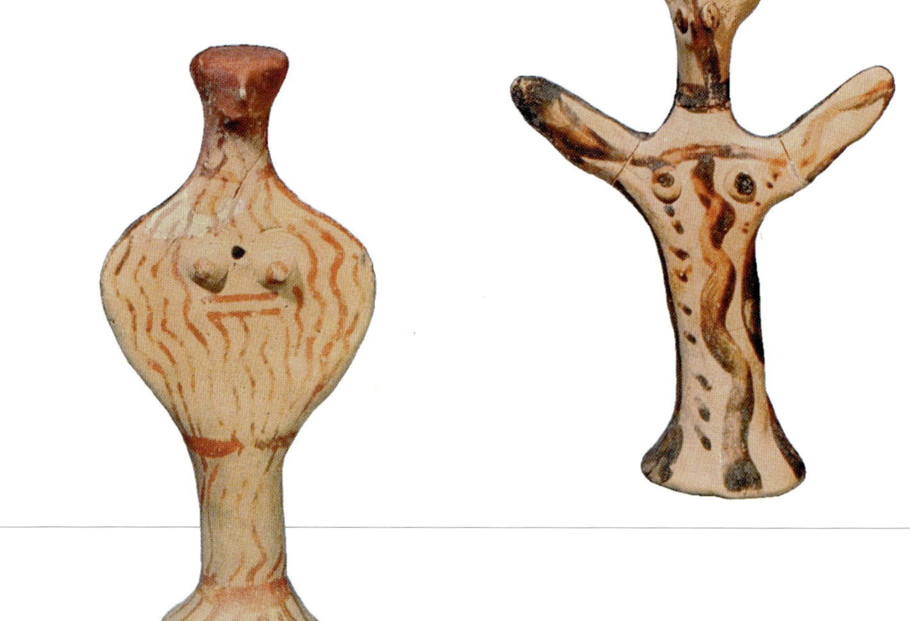

Les plus anciens vestiges architecturaux qu'on puisse dater sont soit du courant du VIIe s. av. J.-C., soit même plutôt, d'après les études les plus récentes, de la première moitié du VIe. Le sanctuaire de cette époque, qui mesurait environ 40 x 25 m, était protégé en amont par un mur qu'on voit encore

Fig. 16 (*22) et soutenu en aval par un autre qui est partiellement enfoui (*24). Les principaux monuments devaient être l'autel de taille moyenne *27 et le « vieux temple en tuf ». Le plan du sanctuaire et l'orientation de l'autel font supposer que ce temple était situé à l'emplacement du n° *29 qui lui a succédé, mais qu'il était tourné vers l'Est et non vers le Sud.

Nous ignorons si, à cette époque et plus tard, la petite terrasse de niveau intermédiaire que le mur *22 soutient appartenait en propre au sanctuaire d'Athéna ou à celui d'un héros local, du nom de Phylacos. Il y a là les fondations de deux petits édifices rectangulaires, du VIe s. apparemment, qui restent anonymes.

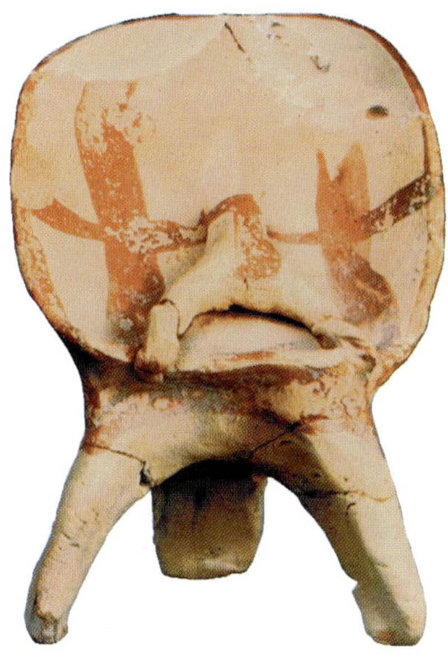

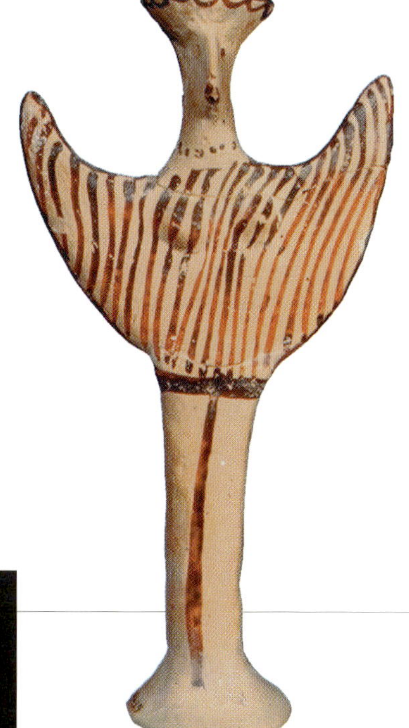

Fig. 6-9

Figurines mycéniennes trouvées à Marmaria.

Fig. 10

Restitution : trésor éolique et temple en tuf avant la construction du trésor dorique (vue du Sud-Ouest).

b. Le sanctuaire classique

Le petit sanctuaire de 40 x 25 m apparut vite comme insuffisant. Il fut agrandi vers l'Ouest au plus tard en 510 av. J.-C. pour la construction du trésor éolique (dit de Marseille, *33). C'est aussi de cette époque ou des environs de 500 qu'il faut dater le long soutènement Sud (*20), le grand autel dont il nous reste le socle (*25), le temple en tuf (*29) et son mur de protection en forme de niche (*28). La terrasse avait donc atteint sa longueur définitive, même si nous ignorons comment elle était alors protégée en amont dans sa plus grande partie. L'orientation du temple était désormais perpendiculaire à celle de l'autel et en désaccord avec sa situation. Près de l'extrémité occidentale, le mystérieux bâtiment *44 semble avoir été bâti aussi anciennement ou presque, mais selon l'orientation que le péribole avait dans ce secteur. Vers 475-470, on inséra le trésor dorique (*32) entre le temple et le trésor éolique, tout contre ce dernier, comme si l'espace situé à l'Ouest avait été indisponible.

Cet espace fut assurément utilisé dans la première moitié du IVe s., d'abord pour la construction de la tholos (*40), qui s'ouvre dans la même direction que les trésors ; puis pour celle du temple en calcaire (*43), qui s'est faite sur les ruines du bâtiment *44 et avec une orientation nouvelle. Le mur qui a

Fig. 11

Restitution : temple en tuf et autel (vue du Sud/Sud-Est).

pour fonction de protéger le temple (mur *39, juste derrière) est resté inachevé de la même façon que le mur*12-19 au Nord-Est. Tout cela sent la hâte. L'accident qui a renversé le temple d'Apollon, peut-être un séisme attesté dans le Nord du Péloponnèse en 373, est probablement survenu entre la construction de la tholos, d'une part, et d'autre part celle du temple en calcaire et de son mur de protection. Il a pu causer aussi des dommages à la tholos elle-même, où nous verrons une réparation précoce.

Nous ne connaissons pas d'autres bâtiments (mais voir ci-avant les limites de l'enquête). Cependant, même si l'activité de construction s'est arrêtée avant la fin du IVe s. av. J.-C., l'activité religieuse est bien attestée, elle, pendant toute l'époque hellénistique, et encore sous l'Empire romain, notamment par Fig. 15 l'offrande de statues d'empereurs, l'une représentée aujourd'hui par sa seule base, les autres signalées dans un bâtiment par un passage de l'auteur Pausanias. Cependant, le même passage nous apprend qu'alors (IIe s. ap. J.-C.) l'un des temples était déjà en ruines.

Il s'agit là d'un phénomène général. Dès avant la christianisation officielle de l'Empire (IVe s. ap. J.-C.), la plupart des sanctuaires païens, en tout cas en vieille Grèce, se délabraient. Ce n'était pas nécessairement en raison d'une hostilité, mais parce

Fig. 12

Restitution : ensemble du sanctuaire (vue du Sud/Sud-Ouest).

que les forces vives de l'époque s'étaient portées ailleurs, alors qu'il aurait fallu en permanence des moyens importants ne serait-ce que pour entretenir les nombreuses possessions des dieux.

Bien entendu, la christianisation accéléra la décadence, d'autant que Marmaria n'a pas été utilisée pour l'habitat — solution qui a préservé un certain nombre des bâtiments du sanctuaire d'Apollon —, mais déjà comme une sorte de carrière, si on en juge par l'abondant réemploi, un peu partout, de ses marbres dépouillés de leurs ornements sculptés. Par parenthèse, ce traitement, qu'on dirait systématique, a rendu très difficiles certaines restitutions. Lorsque, à la fin du VIe s. ap. J.-C. ou au début du VIIe, des Slaves ravagèrent Delphes, il n'y avait probablement plus grand-chose à détruire à Marmaria.

Fig. 13-14

Cippes ou petits autels de Zeus Polieus et d'Athéna Wargana (Erganè).

Fig. 15

Base d'une statue de l'empereur Hadrien.

Fig. 16

Au premier plan, mur *22 (du premier état) ; au second plan, mur *12-19 (du IVe s.).

Fig. 17

Inscription d'Hygie, déesse de la santé.

3. Les divinités de Marmaria

Athéna, née du cerveau de Zeus, était une demi-sœur d'Apollon. Ici, elle était appelée *Pronaia*, c'est-à-dire « avant le temple », peut-être en tant que gardienne du sanctuaire de son frère ; on disait aussi *Pronoia*, c'est-à-dire « Providence ». Ce jeu de mots rappelle que c'était la déesse de l'intelligence. Mais elle était représentée principalement avec ses armes de déesse guerrière ; et elle était, au dire des Delphiens, une des deux vierges blanches qui les protégèrent miraculeusement d'un raid conduit par les Celtes (279-278). En plus d'une occasion, on lui a très officiellement dédié une « panoplie » (nous avons conservé le mot et son sens).

Cela n'empêche pas qu'on l'ait vénérée sous d'autres vocables, dont l'un Fig. 14 la désignait comme patronne des artisans (*Wargana* = *Erganè*). L'autre (*Zôstéria*) est ambigu, mais semble en rapport avec l'accouchement de Létô, mère d'Apollon, et peut-être avec l'accouchement en général.

Fig. 18

Autel d'Hygie, appuyé contre le vieux mur *22.

Artémis, sœur d'Apollon par son père Zeus et sa mère Létô, était considérée comme l'autre vierge blanche, elle aussi dotée d'un temple dans le sanctuaire. Nous verrons que la répartition des temples connus entre Athéna et Artémis est encore l'objet de débats.

Zeus, père des deux déesses aussi bien que d'Apollon, avait un simple cippe, ou plutôt un petit autel en tant que patron de la cité (*Polieus*), alors qu'on aurait pu croire cette fonction réservée à Apollon.

Fig. 13

Il y avait aussi des autels en l'honneur d'*Hygie*, déesse de la santé, et d'*Ilithyie*, déesse de l'accouchement.

Fig. 17-18

La maîtresse du sanctuaire était donc plus accueillante ou moins jalouse qu'Apollon. Mais l'autel principal (chap. III, 2) était naturellement le sien, et c'est aussi à elle qu'il faut rapporter la majorité des monuments (chap. III) ainsi que la quasi-totalité des autres offrandes (chap. IV, 2), dont nous nous contenterons ici d'évoquer par avance la diversité.

Fig. 19

Autel rond.

CHAPITRE III

Visite

*Rappelons ce que voit un visiteur qui arrive d'en haut, donc à l'envers du plan H.T. 5 de la 3e de couverture. De g. à dr., entrée Est et petite terrasse intermédiaire (ci-après §1). En contrebas de la petite terrasse, se trouvent la région des autels (§2), puis, d'Est en Ouest, le temple en tuf (*29, §3), les trésors (*32-*33, §4), la tholos (*40, §5) et le temple en calcaire (*43) qui a coupé l'édifice *44 (§6). Le visiteur pressé sautera les textes en petit corps et commencera au §2.*

1. La zone Est et le sanctuaire de Phylacos

Fig. 16 L'itinéraire nous fait commencer par une zone obscure. Le **mur *12**, manifestement inachevé, qui protège cette zone Est, date du IVe s. av. J.-C. On l'a substitué alors à un mur des environs de 500 en le raccordant de façon sommaire à la porte Nord-Est *11 (ci-après). Il semble donc faire partie du péribole, ce qui annexerait au sanctuaire d'Athéna la petite terrasse que le chemin descendant traverse à son pied. Mais nous devons tenir compte d'une indication de l'historien Hérodote : lorsque les Perses envahirent la Grèce en 480 av. J.-C., une bande de barbares, arrivée à Delphes par l'Est, fut dispersée par une avalanche miraculeuse de pierres ; les survivants furent pourchassés par deux héros locaux, dont un certain Phylacos qui avait son sanctuaire « au-dessus de celui d'Athéna ». Le **sanctuaire de Phylacos** peut avoir été situé là, comme une sorte d'annexe de celui de la Pronaia ; il
Fig. 11 peut aussi avoir été plus haut. Les petits édifices *18 et *17, qui doivent avoir eu une élévation de terre crue (VIe s. av. J.-C. ?), restent mystérieux.

L'extrémité orientale de la grande terrasse n'a pas été entièrement fouillée et il a fallu reboucher les sondages, de sorte qu'on ne doit pas trop tirer argument du vide actuel de cette zone.

Fig. 12 (à droite)

La porte *11 a appartenu au péribole des environs de 500 avant d'être réutilisée dans le système du IVe siècle. Nous possédons des morceaux d'un encadrement complet, notamment un fragment de linteau d'une hauteur de 83 cm. L'embrasure était large intérieurement de 2,86 m et haute de 5 m environ. Cela constituait une entrée monumentale, qui semble être restée la seule du genre sur tout le site de Delphes jusqu'à la fin du IIIe s. av. J.-C. Il est probable que plus d'un pèlerin est arrivé par là d'Athènes ou de Béotie, justifiant en quelque sorte l'appellation d'Athéna Pronaia, « en avant du temple (d'Apollon) ». Mais il ne s'agit tout de même pas d'une porte de ville : Delphes classique n'en possédait apparemment pas plus que d'enceinte, et on pense que la route principale passait plus haut (ou plus bas d'après une opinion récente).

2. Le secteur des autels

Nous passons en contrebas de la petite terrasse.

Fig. 17-18

La petite terrasse est soutenue par **le mur *22** de la fig. 16, qui protégeait l'état le plus ancien qu'on connaisse du sanctuaire d'Athéna (sans doute première moitié du VIe s. av. J.-C., p. 27). Au pied de ce mur, donc dans la zone de cet état ancien, se voient les restes de sept ou huit autels, dont trois lui ont été accolés.

Rien n'était aussi nécessaire au culte qu'un autel, car, pour s'acquitter de ses obligations rituelles, on devait consacrer des produits de la terre, sacrifier des animaux, parfois de grande taille, et les « brûler ». Ce dernier mot a deux sens : ce qui était destiné aux dieux était consumé mais, comme les dieux païens réclamaient rarement l'holocauste, ou consomption de la victime entière, une bonne part des viandes était cuite pour les humains. L'existence de ces rites explique que les autels aient généralement été disposés en plein air, qu'ils aient été plus nombreux que les temples, qu'ils les aient souvent précédés et que, dans ce secteur de Marmaria, on ait trouvé des cendres et des os brûlés, mêlés d'offrandes diverses, en très grande quantité.

Fig. 11

Le massif *25, qui est large de 5,50 m et dont la longueur dépassait 11,80 m, n'est qu'une partie du socle sur lequel s'élevait **le grand autel d'Athéna**. Il faut donc à la fois le prolonger par la pensée, le pourvoir d'un accès et restituer par dessus un parallélépipède de moins grandes dimensions mais peut-être orné de cornes aux quatre coins. Comme dans la plupart des cas, l'officiant devait être tourné vers l'Est. Le temple *29, dont le grand axe est parallèle au massif *25, appartient au même système, quoique l'usage eût été de le disposer perpendiculairement. Tous deux sont obliques par rapport au mur *22.

Ils appartiennent non pas au premier état connu du sanctuaire, mais au second, qui est de peu antérieur à 500 av. J.-C.

Le plus ancien autel d'Athéna que l'on ait identifié a ses vestiges juste à l'Ouest, au n° *27. Plus fruste et moins grand que *25 (7,10 x 1,30 m au socle), il doit avoir appartenu au premier état connu du sanctuaire, dont il nous aura conservé l'orientation particulière. À noter qu'on ne l'a pas détruit lorsqu'on a installé *25 et *29 de part et d'autre, de sorte qu'il constituait une sorte d'obstacle sacré entre l'autel et le temple du deuxième état : sans doute était-il moins haut que son successeur ; peut-être en outre celui-ci était-il flanqué d'un autre côté par une esplanade destinée aux fidèles.

Fig. 13-14 Parmi les **autres autels**, cinq étaient tout petits, mais signalés par des inscriptions. Trois d'entre eux, incomplets et redressés un peu au hasard, ont actuellement l'aspect de cippes ou de piliers : ils sont dédiés à Zeus patron de la cité, à Athéna patronne des artisans et à Athéna Zôstéria, qui paraît liée à l'accouchement en général ou du moins à la naissance d'Apollon. Les deux autres, *26a et b, ont des vestiges en place contre le mur *22, sur le parement duquel on lit les noms d'Ili-
Fig. 17-18 thyie, déesse de l'accouchement, et d'Hygie, déesse de la santé.

Fig. 19 Ajoutons ici ce qu'on appelle, sans doute à juste titre, l'**autel rond** de Marmaria, qui est exposé au musée.

Avec des fragments de marbre pentélique retrouvés épars, on a reconstitué un cylindre d'un diamètre de 1,20 m pour une hauteur d'un peu plus de 1 m. Un groupe sculpté en relief de douze jeunes filles qui arrangeaient, avec des poses gracieuses, une guirlande de feuillage tout autour de ce cylindre, passe pour avoir été au service d'une divinité féminine.

Où se trouvait l'objet ? Sa plinthe, faite d'une seule pierre, avait une forme carrée qui ne paraîtrait guère appropriée à une installation dans la tholos, quoi qu'on en ait dit, et son lieu de trouvaille est précisément la région des autels. Il date probablement de la seconde moitié du IIe s. av. J.-C.

3. Les temples en tuf

Juste à l'Ouest de la région des autels.

Fig. 11

a. Le temple actuellement visible, n° *29

Le temple en tuf barre la terrasse. Tourné à peu près vers le Sud, c'est-à-dire non pas vers l'autel *25 mais parallèlement à lui, il fait pourtant partie du même dispositif de la fin du VIe s. av. J.-C. Pour pouvoir l'installer ainsi, on a fait derrière lui une sorte de niche protectrice dont on a raccordé les parois avec le vieux mur *22.

Pourquoi a-t-on pris ce parti exceptionnel, alors que l'espace compris entre l'autel contemporain (*25) et le trésor éolique, plus ancien (*33), aurait pu suffire à la
Fig. 24 solution traditionnelle ? Peut-être pour maintenir le vieil autel *27. En tout cas la niche a protégé le temple. Celui-ci, lors de la fouille du début du siècle, avait encore une quinzaine de colonnes debout, dont certaines étaient complètes. Mais une avalanche de rochers, survenue en 1905, a ravagé cet état. Un de ces rochers, resté sur le monument, permet d'imaginer le phénomène.

Malgré la dislocation et l'affaissement, la forme du monument se restitue aisément. Pour un maquettiste, cela se résume en un parallélépipède ajouré, compris entre un socle à degrés et une couverture en prisme triangulaire, l'un et l'autre un peu plus larges que le parallélépipède. Pour un historien de l'architecture, c'était un temple dorique périptère (entouré de colonnes), selon la formule la plus courante, mais de dimensions modestes : 27,45 x 13,25 m. Avec 12 colonnes seulement sur le long côté et les habituelles 6 colonnes de front, le plan était particulièrement peu étiré.

L'élévation était faite de tuf stuqué entre une krépis (socle) de calcaire et un toit de terre cuite. Elle aussi était très trapue, avec sa krépis de deux degrés au lieu de trois, ses colonnes à 20 cannelures, certes, mais épaisses, courtes et curieusement dépourvues de galbe, et son entablement composé de la manière usuelle, mais exceptionnellement lourd pour l'époque.

Les colonnes qui ont subsisté sont toutes à l'arrière. Elles sont renforcées de deux
Fig. 26 façons : par des barres de fer modernes, mais aussi par des murets insérés, eux, dès l'Antiquité. Il semble qu'il n'y en avait que de ce côté-là et qu'il s'agissait d'une consolidation secondaire, mais l'occasion en reste hypothétique.

On savait que, selon l'usage, la frise était constituée d'une alternance de triglyphes T et de métopes M à raison de deux couples T + M par entrecolonnement. Mais les fouilles faites au gymnase durant ces dernières années ont pour la première fois donné un triglyphe complet en hauteur et qui a conservé sa tranche. La hauteur est encore plus forte qu'on ne l'avait imaginé. La tranche conviendrait pour l'installation d'une métope à glissière, donc décorée en atelier.

La galerie périphérique, ou péristyle, avait pour pavement une sorte de mosaïque de gros cailloux. Le sékos qu'elle entourait était naturellement étroit et profond. Mais ce qui frappe, c'est qu'il était disposé très à l'arrière et n'avait aucune ouverture de ce côté. À l'avant, au contraire, il s'ouvrait normalement, par les trois baies *in antis* (entre les têtes des murs latéraux) d'une première pièce peu profonde, le pronaos.

L'essentiel de l'espace était réservé à la cella. Ses aménagements nous échappent : probablement pas de colonnes intérieures ; peut-être une division en deux parties ; peut-être aussi, par exception, une ouverture latérale (à l'Est, vers l'autel). Cette pièce abritait, selon l'usage, la statue de culte, qui doit avoir été l'Athéna de marbre, des environs de 500, dont nous avons quelques fragments justement trouvés dans ce secteur.

Le décor comportait d'abord les cannelures, les chapiteaux et les quelques moulures de l'ordre dorique ; mais aussi le stuc appliqué sur le tuf, sans doute blanc en général, avec du rouge et du bleu dans l'entablement ; et puis les motifs peints en pourpre et noir sur le fond crème de la bordure du toit en terre cuite, dont les formes différaient en façade et sur le long côté. Il y avait aussi de
Fig. 22-23 la sculpture, en tuf stuqué et peint, peut-être dans la frise et au moins dans un des frontons (figures très lacunaires, parmi lesquelles on reconnaît en tout cas
Fig. 20-21 une tête d'Athéna), et par dessus, se détachant sur le ciel, de merveilleux acrotères de terre cuite polychrome en forme de Victoires ailées.

Tel fut le nouveau temple que l'on bâtit pour Athéna juste avant 500 av. J.-C. Si brillant qu'il puisse paraître, il était loin d'égaler celui qu'on venait de refaire pour Apollon, deux fois plus long, cinq ou six fois plus volumineux, et doté d'une façade de marbre. Là, un accident avait imposé la réfection. À Marmaria, rien de tel ne nous est signalé, et nous allons voir que le temple précédent n'était pas très vieux. Peut-être le chantier d'Apollon avait-il laissé des surplus ? Par ailleurs, à la suite de D. Laroche, j'estime que notre n° *29 resta en usage jusqu'à la fin du paganisme, et que c'était bien lui que Pausanias, dans la seconde moitié du IIe s. ap. J.-C., appelait « le » temple de la déesse, en ajoutant que le pronaos contenait une seconde statue d'Athéna, plus grande que celle de la cella, mais en bronze, et qui était une offrande des Massaliètes (Marseillais). Comme la question est controversée, j'y reviendrai p. 86.

Fig. 20-21

Tête et aile avec bras, probablement d'une même Victoire, en terre cuite, acrotère du temple en tuf.

Fig. 22-23

Toit en terre cuite du temple en tuf : fragment de chéneau du fronton et antéfixe de long côté.

b. Le vieux temple en tuf

Le temple *29 a succédé à celui du premier état connu du sanctuaire. De ce prédécesseur, nous n'avons que des fragments épars, faits d'un tuf spécial, notamment des chapiteaux doriques très larges et très plats trouvés dans les fondations mêmes de *29, ainsi que des fragments de fûts, à 16 cannelures seulement, réutilisés côte à côte comme une sorte de parvis devant le trésor *33.

Fig. 25 et 109

À l'occasion de ces réemplois, on a coupé la partie cannelée au bas de la plupart des chapiteaux et rabattu le plus grand nombre des cannelures des fragments de fûts. La restitution de la forme originelle, tellement désirée par les historiens de l'architecture, est donc délicate. Elle l'est d'autant plus que les chapiteaux semblent appartenir à trois modules différents. Pour ce qui est des relevés des fragments de fûts, qu'ils aient été faits de la manière traditionnelle ou au laser, on n'en a jusqu'à présent tiré de résultats clairs qu'à condition de simplifier les données d'une manière qui mériterait une longue discussion. Plutôt que d'ajouter une quatrième hypothèse à celles qui ont déjà cours, nous nous contenterons ici de noter que les colonnes avaient un aspect élancé du type de celui qui est connu dans les plus anciens petits monuments doriques de Delphes même (vieille tholos et monoptère des Sicyoniens).

Le vieux temple s'élevait à peu près à l'emplacement de l'actuel, si on en juge d'après la forme du vieux péribole et la situation de l'autel *27. À voir le nombre des colonnes et des types de chapiteaux, il était soit déjà périptère (entouré de colonnes), soit amphiprostyle (avec des colonnades aux deux bouts). Mais, moins grand que son successeur, il devait être tourné vers l'Est, perpendiculairement à *27 et sur son axe. Il ne datait sans doute pas du VIIe s. comme on l'a souvent dit, mais plutôt de la première moitié du VIe, probablement après la « première guerre sacrée » (achevée vers 590).

Crésus, ce roi de Lydie dont on connaît la richesse (563-548), aimait beaucoup Delphes. Un grand bouclier d'or, qui était une de ses nombreuses offrandes, a figuré probablement dans le vieux temple, puis assurément dans son successeur jusqu'à la « troisième guerre sacrée » (milieu du IVe s. av. J.-C.). L'objet a disparu dans le pillage général qui fut le fait des Phocidiens, les habitants de la région, alors révoltés contre les autorités internationales, ou « Amphictions », qui géraient le sanctuaire d'Apollon.

Fig. 24

Le temple en tuf avant la chute de rochers de 1905 (vue du Sud-Est).

Fig. 25

Tambour de colonne du vieux temple en tuf.

Fig. 26

Chapiteau et mur d'entrecolonnement à l'angle Nord-Est du temple en tuf.

4. Le secteur des trésors

À partir du temple en tuf, nous poursuivons vers l'Ouest.

En amont de la terrasse, le soutènement du IVe s. av. J.-C. a été reconstruit à époque moderne. En aval, le soutènement *20, des environs de 500, comporte une ouverture par laquelle passe l'**escalier *35**. Celui-ci permet de descendre voir la belle face, ou parement, de ce mur, en même temps qu'il incite à se demander ce que l'olivette recouvre.

Fig. 95

Disposé en oblique à peu près en face de l'escalier, le **monument *34** appartient au type de la base à degrés qui est courant en général mais rare à Marmaria. On attribue traditionnellement cet exemplaire au trophée élevé après la déroute miraculeuse des Perses, dont nous avons parlé p. 39, une des seules offrandes monumentales des Delphiens eux-mêmes. Les indices techniques conviennent à la date de 480. Mais le texte de l'historien Diodore situe le monument « auprès du sanctuaire », alors que nous sommes ici à l'intérieur, et même dans l'ancienne enceinte.

Les trésors

Fig. 27 et 34

*Juste derrière *34*, une rigole entoure les vestiges des deux trésors *32 et *33. Dedans étaient fichées côte à côte des stèles qui portaient le texte d'actes de locations de propriétés confisquées. Il en était résulté dès le IVe s. av. J.-C. une sorte

Fig. 27

Restitution : ensemble du sanctuaire, vu du Sud-Est.

d'enclos englobant les deux bâtiments, quoiqu'une ouverture eût été maintenue devant chacun d'entre eux.

Nous suivons l'usage de la langue grecque en utilisant un même mot (trésor = « thésauros ») pour désigner aussi bien des bâtiments que des dépôts précieux. Ces bâtiments typiques des grands sanctuaires avaient d'habitude la forme de petits temples composés de deux pièces : une cella précédée d'un pronaos s'ouvrant le plus souvent par trois baies qui en occupaient toute la largeur. C'étaient par eux-mêmes des offrandes (offrandes de haut niveau, assurément, les seuls donateurs connus étant des cités ou des tyrans). Mais en outre, dans plusieurs cas, nous savons qu'on y avait entreposé d'autres offrandes telles que des statues, des objets précieux ou des sommes d'argent. Enfin, les murs de certains d'entre eux ont été recouverts d'inscriptions au fil des temps. Existait-il de tels trésors à Marmaria ? Pour les fondations *17 et *18, que nous avons aperçues au passage, il n'y a aucune certitude ; en revanche, c'est très probable dans le cas des bâtiments *32 et *33.

a. Le trésor dorique (*32)

Fig. 28-29 *Le premier trésor que nous rencontrons* est le moins ancien des deux. On l'a presque accolé à l'autre, dont l'orientation s'est naturellement imposée à lui : d'où l'absence de parallélisme avec le temple en tuf. Mais on l'a fait plus grand (9,74 x 6,60 m au pied des murs) et avec sa façade en saillie par rapport à celle de son voisin.

Bien qu'il apparaisse aujourd'hui comme très ruiné, sa restitution n'a pas présenté de grandes difficultés (de sorte que nous n'avons rien eu à changer aux
Fig. 31 conclusions de nos prédécesseurs). D'ordre dorique, il était en marbre de Paros, bien poli, sur un socle de calcaire au parement piqueté. Il y avait au moins un précédent : à Delphes même, le trésor des Athéniens, que chacun connaît parce qu'il est reconstruit. Mais les trésors doriques étaient habituellement faits de simple tuf. C'est peut-être la proximité du trésor éolique qui a imposé ici un luxe inhabituel. Mais, à elle seule, la comparaison des deux restitutions donne l'impression que notre architecte a intentionnellement opposé à l'élégance du trésor
Fig. 44 voisin les ressources puissantes de l'ordre dorique.

Toutefois, cet ordre a beau avoir été le même qu'au temple en tuf, distant de moins de dix mètres, les différences sautent aux yeux là aussi : fig. 12, 27 et H.T. 4. Elles tiennent naturellement au type : le trésor, ouvert d'un seul côté, était beaucoup moins large, avec une façade à trois baies au lieu de cinq ; du coup, le fronton était moins haut et moins pesant. Mais il faut observer que les hauteurs mesurées à l'angle des deux monuments étaient très voisines. C'est que le trésor avait un socle plus élevé et surtout des

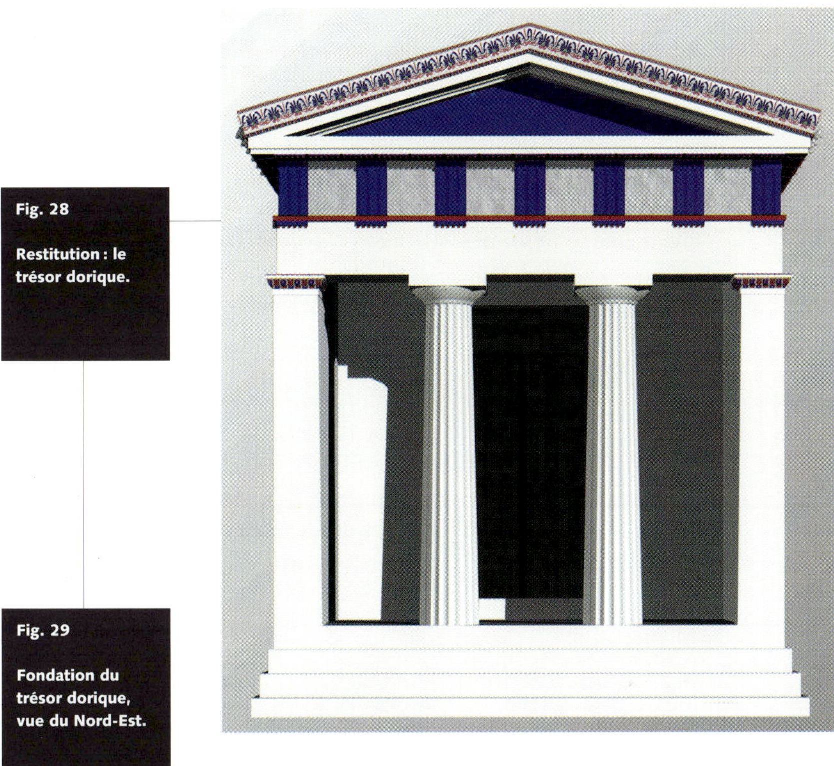

Fig. 28

Restitution : le trésor dorique.

Fig. 29

Fondation du trésor dorique, vue du Nord-Est.

Fig. 28 colonnes beaucoup plus élancées quoique toujours sans galbe. Leurs chapiteaux, moins amples que ceux du temple en tuf et du trésor des Athéniens, témoignent de la différence de date ; mais leur élancement, lui, se trouvait déjà dans ce trésor : c'est apparemment un trait de style que l'architecture de marbre devait finalement imposer partout.

Dans le détail, chaque fois que c'est possible, il se vérifie que notre monument avait la grande régularité qu'on attend d'un monument dorique, et que même le trésor des Athéniens n'avait pas encore. Certes, les métopes de la frise n'étaient pas toutes faites comme des plaques à insérer après décoration, mais la situation topographique permet de comprendre pourquoi : notre bâtiment a été construit si près du trésor éolique que certaines métopes pouvaient bien rester muettes.

La décoration est ce qui a le plus souffert de la dispersion des blocs. Une Fig. 30, 32, 33 frise végétale était peinte sur le marbre de la cella. De la sculpture, il subsiste quelques fragments en très haut relief, provenant de métopes, ou en ronde bosse, provenant des frontons et des acrotères. Ils suffisent pour faire voir que

Fig. 30

Torse féminin provenant d'une métope du trésor dorique.

Fig. 31

Tambour de colonne du trésor dorique.

les inexactitudes et les fioritures de l'art archaïque avaient disparu au profit d'une sobre fermeté qui relève du style « sévère » du début de l'époque classique. Enfin, le toit ou du moins ses rebords et ses gargouilles étaient de marbre enluminé de couleurs vives.

Le monument était donc à peu près aussi orné que ceux entre lesquels on l'insérait, le trésor éolique et le temple en tuf, et plus précieux que ce dernier et que l'immense majorité des trésors doriques. À en juger par l'absence de filiation après lui, c'était une exception due à des conditions particulières. Nous ignorons qui, vers 475-470, l'avait offert à Athéna.

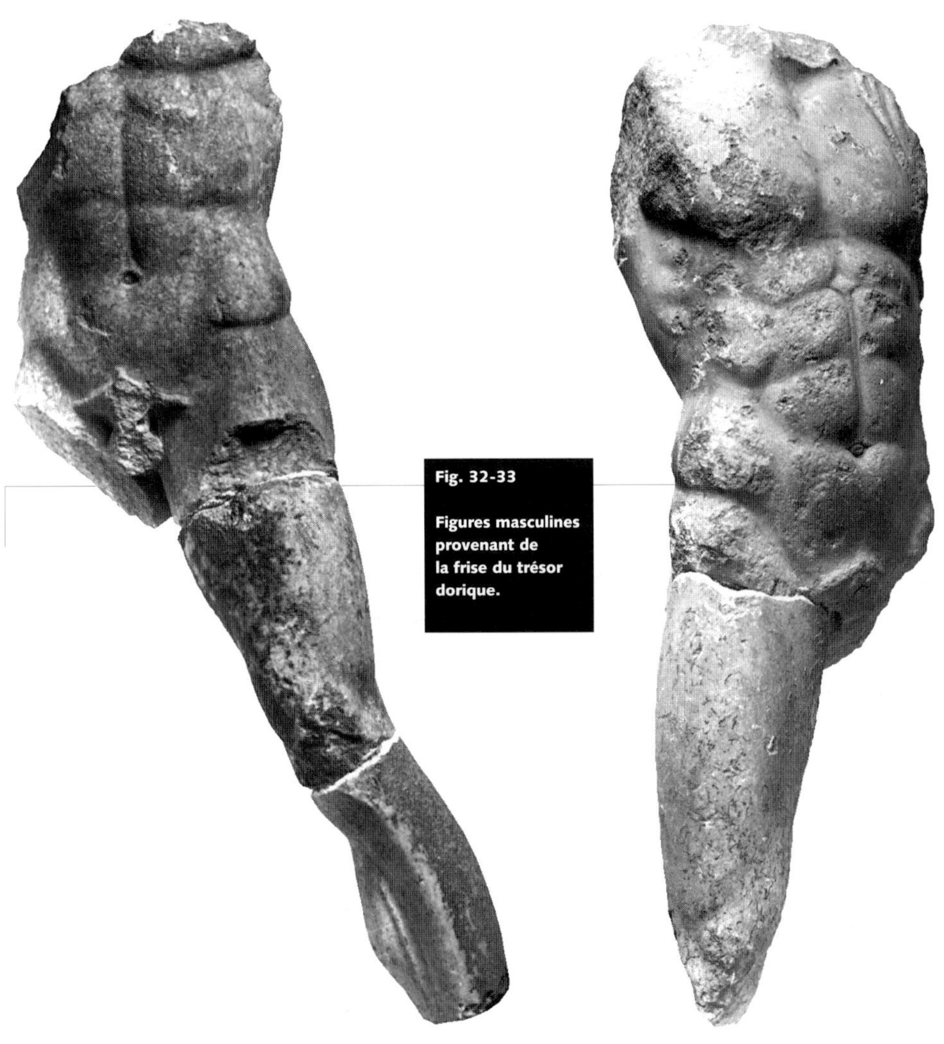

Fig. 32-33

Figures masculines provenant de la frise du trésor dorique.

b. Le trésor éolique, dit de Marseille (*33)

Juste à gauche se trouvent les vestiges, mieux conservés, d'un autre trésor (*33). Celui-ci, qui était plus ancien, semble avoir tiré son orientation de celle de l'autel *27 qui devait régir aussi le vieux temple en tuf. Les matériaux et le plan étaient à peu près ceux que nous venons de voir, mais avec des dimensions un peu moindres (8,40 x 6,14 m au bas des murs). La grande différence résidait dans l'élévation et le style, à cause du choix qui avait été fait de l'ordre éolique (variante de l'ordre ionique).

Au-dessus du socle de calcaire rose et piqueté, l'élévation de marbre parien encore en place commence, comme dans les trésors ioniques, par deux moulures horizontales qui introduisent un jeu d'ombres, autrefois doublées de couleurs, au pied des murs blancs et lisses. De ces moulures, un tore cannelé et un astragale de perles et pirouettes, la seconde fait retour dans le pronaos tandis que la première est continuée par quelques cannelures sous la façade, faite de trois baies. Tout le monde admet que ces baies étaient séparées par deux colonnes d'ordre éolique. Mais la composition et la hauteur restituées à ces colonnes ont beaucoup varié d'une étude à l'autre, donc aussi l'allure générale du trésor : comparer les fig. 36-39 et 44.

Fig. 34-35

Voici la restitution la plus récente, publiée par nous en 1991 et illustrée ici même par les laboratoires. Commençons par les murs. Bien que le nombre des blocs conservés ne soit pas très élevé, ils sont si bien taillés qu'on est obligé d'en replacer la plupart 1° à tel endroit précis du plan (par exemple l'angle Nord-Ouest ou l'ante Sud-Est) en raison de particularités formelles, et 2° à tel niveau parce que les

Fig. 34 (à gauche)

Le trésor éolique vu par l'arrière (du Nord-Ouest).

Fig. 35 (à droite)

Pied du mur du trésor éolique.

36

37

38

39

Fig. 36-39

Restitutions de la façade du trésor éolique : W.B. Dinsmoor (1913) ; G. Daux, Y. Fomine (1925) ; P. de La Coste-Messelière (1936) ; D. Laroche, J.-Fr. Bommelaer (1991).

murs s'amincissaient vers le haut. Sur ce chapitre, la solution présentée par l'École française il y a 70 ans est toujours bonne. Pour les colonnes, nous disposons de bases, de fragments de fûts à 22 cannelures et de corolles de 22 palmes considé-
Fig. 45 rées comme des chapiteaux. En prenant la hauteur des murs et en restituant un fût entre base et chapiteau, sans rien de plus, nous sommes arrivés à des proportions étirées, mais qui paraissent normales pour l'époque contrairement à ce qu'on a longtemps cru. Malheureusement, nous n'avons pas pu faire au laser la vérification souhaitée sur les fragments de fûts, considérés comme trop misérables.

L'entablement était constitué d'un empilement d'assises plates et très ornées : deux pour l'architrave, l'une lisse et l'autre sculptée d'une file d'oves ; deux pour la frise, l'une historiée et l'autre ornée de rais de cœur ; une encore pour le larmier qui portait le fronton et les rebords du toit, et qu'ornait par en dessous une chaîne de lotus et de palmettes. On retrouvait un larmier analogue au-dessus des frontons, ainsi qu'un chéneau orné des mêmes lotus et palmettes, avec des gargouilles en forme de tête de lion sur les retours horizontaux. Tout cela était en couleurs (l'information en la matière nous est venue surtout de traces observées sur un trésor mieux conservé du sanctuaire d'Apollon, le trésor de Siphnos).

Comme la sculpture a été abattue, il est impossible de reconstituer les scènes figurées en relief à la frise et en ronde bosse aux frontons. Tout au plus sait-on que la frise portait des combats, dont une amazonomachie, et que des acrotères en forme de Victoires se détachaient sur le ciel. Les figures détachées que nous avons sont encore archaïques par certains détails comme les yeux bombés, les sourires crispés et les postures raides ou excessives. Mais, tandis que certains des reliefs se distinguent par une netteté des contours qui évoque les meilleurs dessins de la fin du VIe s. av. J.-C., d'autres, plus semblables à de la ronde bosse, sont remarquables aussi par la précision apportée au détail des visages, des vêtements ou de l'équipement. Au total, le travail paraît un peu plus sec, un peu plus exact et un peu moins ancien que celui de la frise du trésor siphnien déjà cité.

Fig. 40-43

Notre monument date à peu près de 510. On admet généralement que c'était une offrande des Massaliètes, c'est-à-dire des habitants de Marseille, colonie fondée vers 600 av. J.-C. par des gens de Phocée (qui était une ville grecque « éolienne » de la côte asiatique). Comme ce n'est pas absolument démontré, nous y reviendrons p. 87.

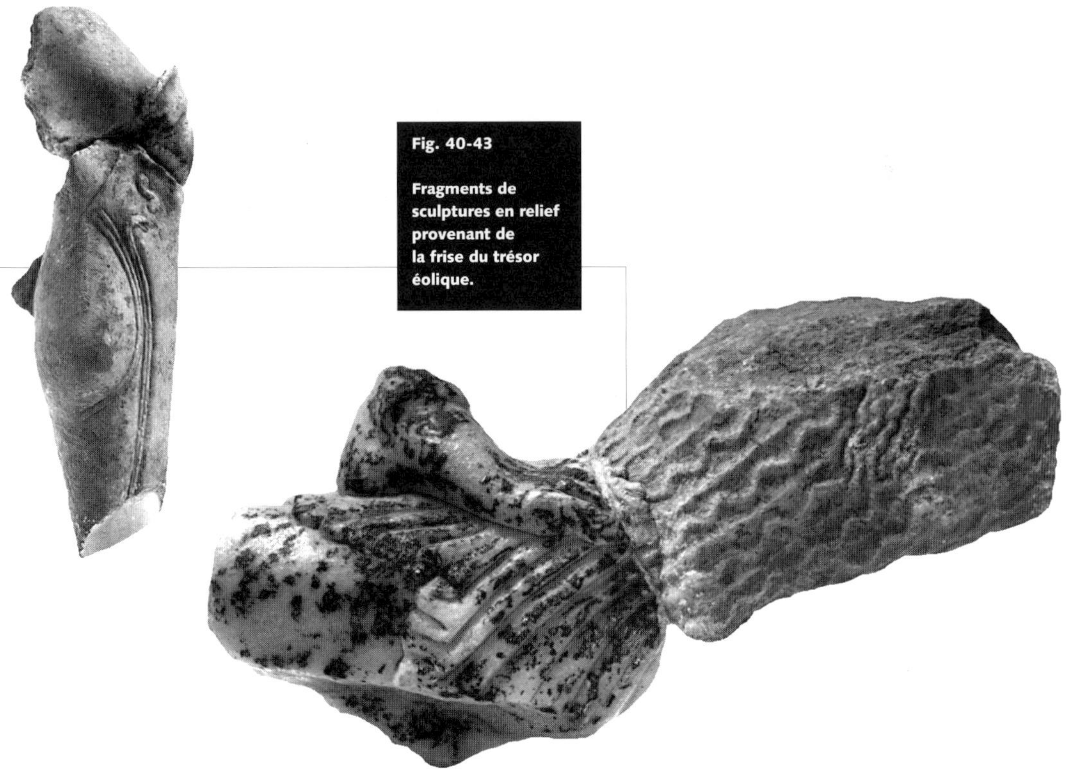

Fig. 40-43

Fragments de sculptures en relief provenant de la frise du trésor éolique.

Fig. 44

Restitution : les deux trésors (éolique à g., dorique à dr.).

Fig. 45

Chapiteau du trésor éolique.

5. La tholos (*40)

a. Généralités

En continuant vers l'Ouest, on trouve la tholos *40, dont trois colonnes ont été redressées en 1938 avec leur entablement. Sur ce monument de forme exceptionnelle, commençons par quelques données dont personne Fig. 46 ne doute.

Faite presque entièrement de marbre pentélique blanc et poli, la tholos était parfaitement circulaire. Sa krépis, composée de trois degrés soulignés de Fig. 47 ciselures (diamètre du 3e : 13,50 m), portait un péristyle parfaitement régulier de vingt colonnes doriques avec un entablement à deux triglyphes et deux métopes sculptées par baie. La galerie annulaire était dallée et recouverte par un plafond de marbre à caissons, sous un toit, lui aussi de marbre, que bordait un chéneau orné de rinceaux en relief et de gargouilles léonines.

Le mur qui entourait la pièce unique, ou cella, était extérieurement Fig. 64 décoré de feuilles d'eau à son pied et, en partie haute, de quarante métopes sculptées, plus petites que celles de l'ordre extérieur, alternant avec des triglyphes. La cella s'ouvrait exactement au Sud. Dallée de marbre blanc et de calcaire bleu, elle était entourée par une banquette de marbre bleu qui portait des Fig. 65 colonnes corinthiennes adossées au mur. On sait encore que le toit a porté des Fig. 59-60 statues féminines en acrotères.

Tout le reste a fait l'objet de controverses et l'on a souvent tourné en rond. Mais la recherche a beaucoup progressé au cours des toutes dernières années. Voici en résumé les traits essentiels de ce problème complexe, que leur enchevêtrement rend exemplaire.

b. La colonnade dorique

Fig. 48-51 Les colonnes doriques avaient d'abord été restituées avec quatre tambours et le chapiteau. Il est vrai que la plupart des tambours étaient incomplets, donc difficiles à mesurer, mais cela donnait des proportions à peu près parthénoniennes. On y crut jusqu'en 1938. Mais, lors de l'anastylose, les marbriers ne purent obtenir des lignes continues du bas en haut des fûts qu'à condition d'uti-Fig. 52-55 liser pour chacun cinq tambours.

Cela porta la hauteur des colonnes à 5,93 m, c'est-à-dire 6,82 fois la valeur du grand diamètre, rapport insolite que certains s'efforcèrent d'expliquer tandis que d'autres récusaient tout bonnement l'anastylose. À mon avis, il suffisait désormais

Fig. 46

La tholos, état actuel (vue du Sud-Est).

Fig. 46

de venir sur place pour constater qu'une solution à quatre tambours aurait entraîné un inadmissible décrochement à un niveau ou à un autre, dans les vingt cannelures et les vingt arêtes de chaque fût. L'enregistrement fait par laser ne me paraît pas démentir cette observation.

c. La toiture

Fig. 57-58

Nous avons des pièces qui proviennent de deux chéneaux, semblables mais distincts par les dimensions et le détail des formes.

Fig. 48-49

Pour rendre compte de cette dualité, une première solution a consisté à restituer une toiture en deux parties : une sorte de couronne en appentis sur le péristyle, et un toit conique à un niveau plus élevé sur la cella. Dans une deuxième solution, au

Fig. 47

Restitution : la tholos vue du Sud (état n° 2 du toit).

Fig. 50-52 contraire, les chéneaux se seraient succédé au bord d'un toit à pente continue. Une troisième a postulé à nouveau un emploi simultané, mais avec les chéneaux
Fig. 53-55 presque superposés, de sorte que le mur de cella ne serait pas apparu entre les deux.

Il ne fallait pas négliger une observation déjà ancienne : des deux chéneaux, l'un est usé par les intempéries (le « grand »), l'autre non (le « petit »). D'où la quatrième solution, proposée d'abord par l'architecte danois F. Kirk, reprise par D. Laroche et retenue ici avec quelques modifications. Elle se rapproche de la deuxième. Initialement, le « petit » chéneau entourait une couverture ayant la
Fig. 56 forme d'une pyramide à huit pans (fig. 56, gauche). Ce premier état n'a pas duré longtemps. Dans l'état n° 2 qui s'y est substitué, le « grand » chéneau correspondait à un dispositif radial, donc à une toiture presque conique (fig. 56, droite).

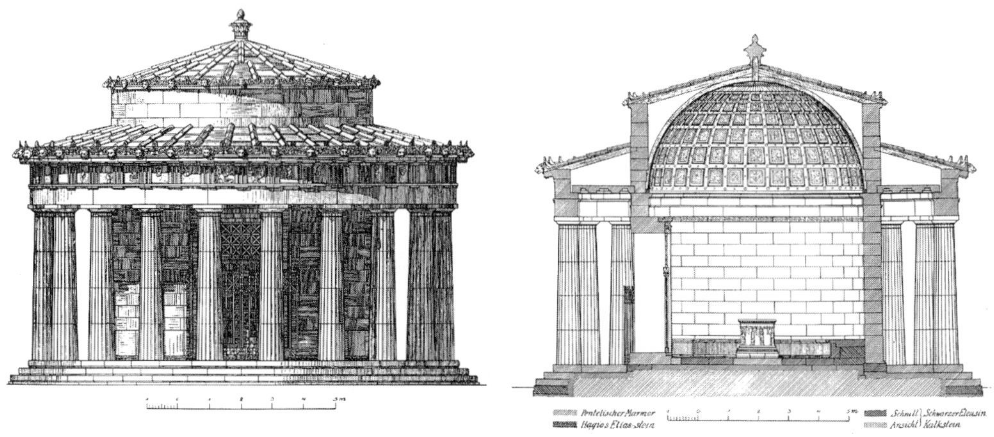

Fig. 48-49

Élévation et coupe Wenzel, H. Pomtow (1912).

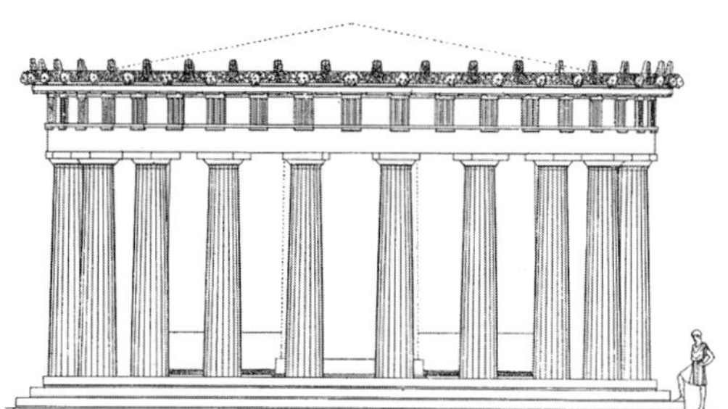

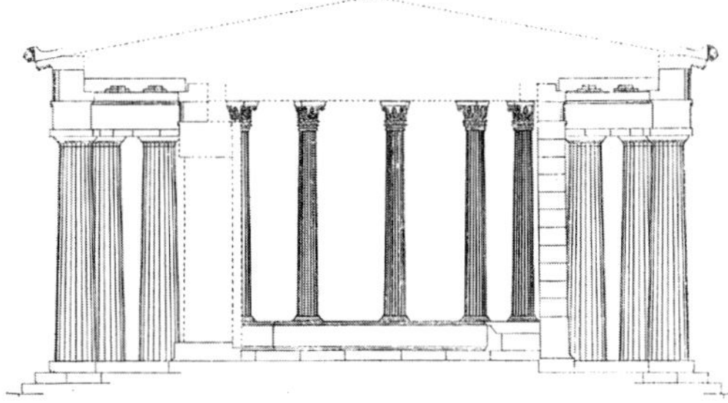

Fig. 50-51

Élévation et coupe K. Gottlob, J. Charbonneaux (1925).

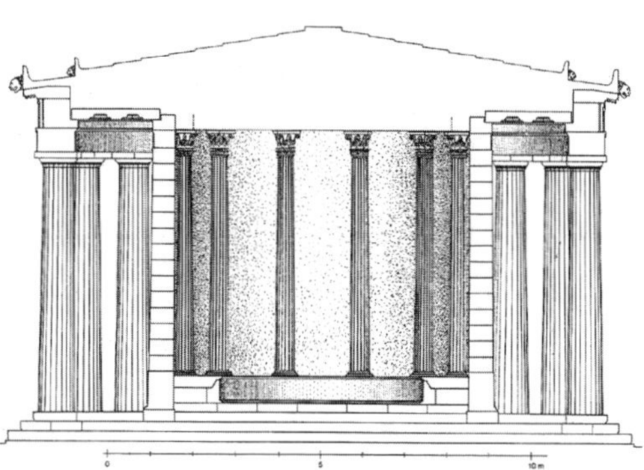

Fig. 52-53

Élévation et coupe Fl. Seiler (1986).

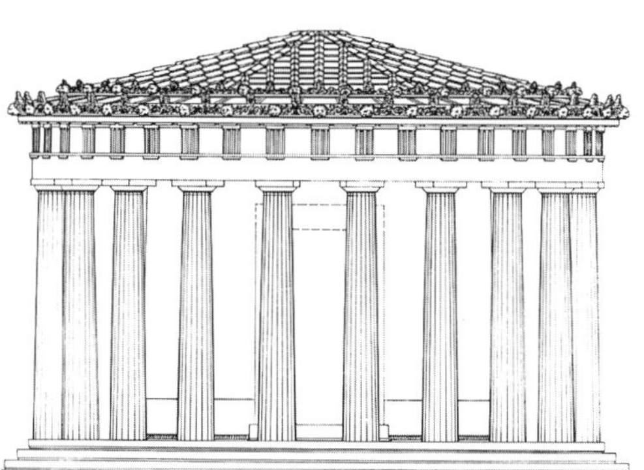

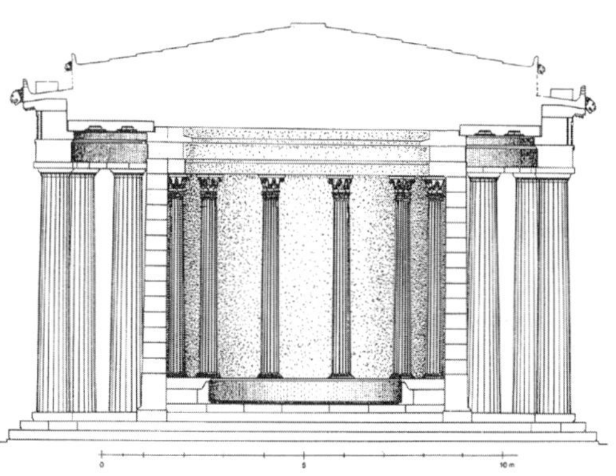

Fig. 54

Élévation D. Laroche, J.-Fr. Bommelaer (1991), d'après G. Roux (1950).

Fig. 55

Coupe G. Roux (1988).

Fig. 56

Restitution du toit 1 (« petit chéneau ») et, à droite, du toit 2 (« grand chéneau »).

Fig. 57

Restitution d'une portion des chéneaux des toits 1 et 2 à partir d'un enregistrement scanner.

Fig. 58

Pièce du « grand chéneau » (toit 2).

d. Problèmes liés : les colonnes intérieures et la porte

Fig. 49

La toute première restitution de l'intérieur faisait porter la partie haute du toit par une coupole appuyée directement sur le mur de la cella. Inspirée par le Panthéon de Rome, elle était pour le moins anachronique. En outre, elle ignorait l'existence de colonnes intérieures.

Fig. 61-62

De ces colonnes, on identifia dans les années suivantes une dizaine d'éléments, tous fragmentaires. Ces éléments et quelques traces conservées sur les blocs de la cella montrèrent qu'une colonnade corinthienne avait été fondée sur la banquette annulaire et liée au mur périphérique, mais liée d'une manière si superficielle que, sur leurs 20 cannelures théoriques, 17 existaient réellement. Les restitutions n° 2 à 4 dont nous venons de parler pour la toiture supposaient que ces colonnes étaient au nombre de 10 et qu'elles s'élevaient soit jusqu'à la
Fig. 51, 53, 55
charpente (diversement imaginée), soit jusqu'à un entablement ionique sur lequel la charpente se serait appuyée.

En réalité, il y a là plusieurs points à examiner. Ensuite, nous verrons le laboratoire entrer en lice.

D'abord **le nombre des colonnes corinthiennes**. Certes, la composition du péristyle dorique était fondée sur une division du cercle en 20 parties égales (18°) et celle du dallage intérieur sur une division en 10 (36°). Mais, pour disposer régulièrement 10 colonnes corinthiennes contre le mur de la cella, il fallait

Fig. 59-60

Fragments de marbre à partir desquels on restitue un acrotère.

découper le cercle en 11 parties (entre 32 et 33°), à cause de la grande largeur de la porte qui interrompait la banquette porteuse. Si donc il y avait une correspondance, ce n'était pas celle qu'on supposait.

En fait, j'étais parti d'un autre constat : s'il y avait eu 10 colonnes intérieures régulièrement espacées, le rapport entre leur diamètre et leur écartement aurait été exceptionnel. En revanche, il devenait normal si on divisait le cercle en 14, 15 ou 16. Le dernier nombre paraissait préférable, à cause du plan octogonal de la charpente que la toiture à 8 pans incitait à restituer.

Fig. 61

Chapiteau corinthien presque entièrement recomposé.

Fig. 62

Fragment d'un chapiteau corinthien.

Ensuite **le nombre des colonnades**. Si les colonnes intérieures servaient à supporter la charpente, même par l'intermédiaire d'un entablement, elles devaient « monter » très haut, surtout depuis que l'anastylose avait rehaussé toute la restitution. La colonnade à un seul étage dont tout le monde parlait aurait eu des colonnes anormalement élancées (surtout fig. 53). Il valait la peine d'essayer ici le modèle à deux étages qui paraît l'avoir emporté au IVe siècle.

Et puis **la restitution de la porte**. Sa largeur était connue. On voit sur le seuil la trace de montants très volumineux faisant saillie vers l'intérieur de la cella. D'après les dernières observations des architectes, les deux battants devaient s'ouvrir de ce côté, contrairement à ce qu'on avait cru.

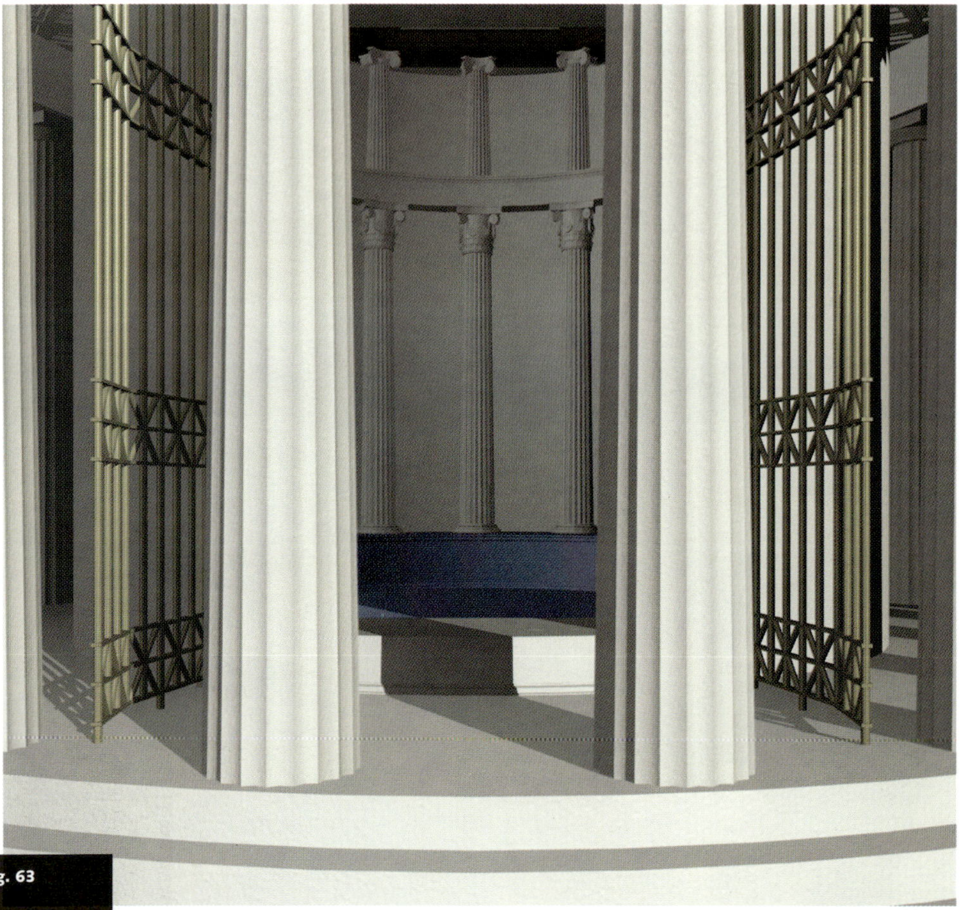

Fig. 63

Vue restituée vers l'intérieur de la tholos.

Fig. 64

Moulure du bas du mur de la tholos.

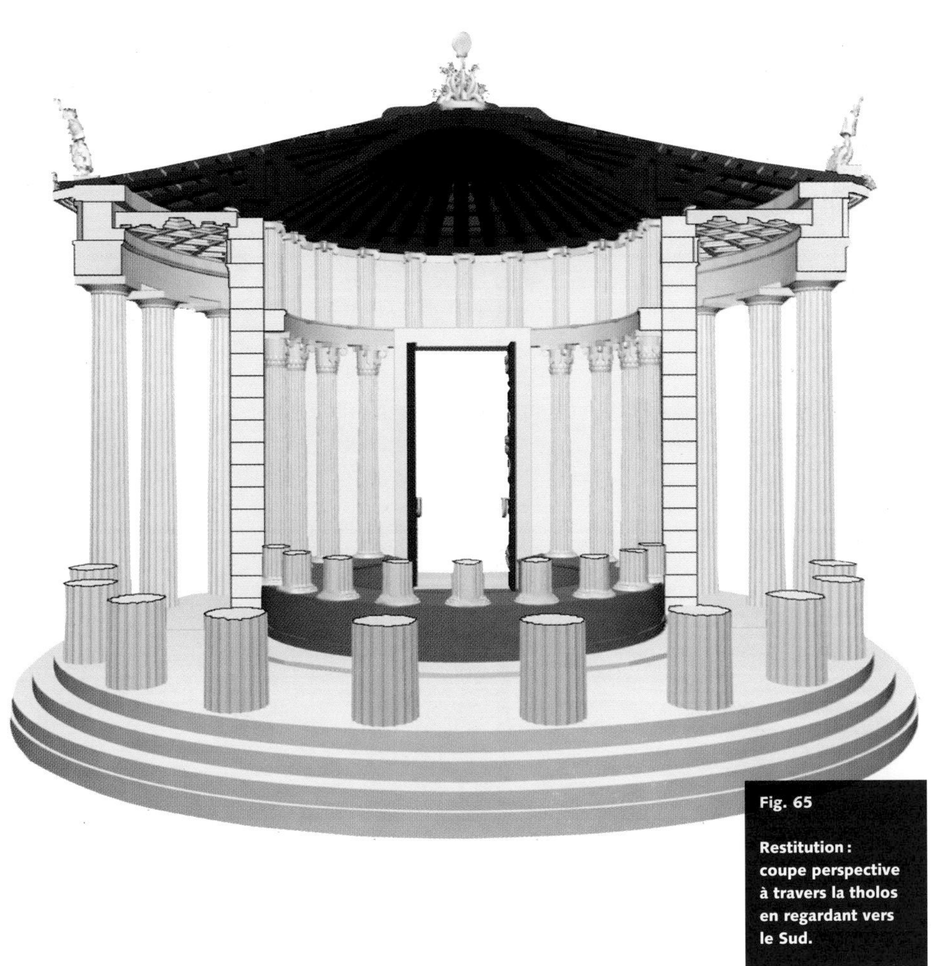

Fig. 65

Restitution : coupe perspective à travers la tholos en regardant vers le Sud.

e. Solutions liées

Parmi les tâches du laboratoire, la plus simple était de tester par le dessin diverses hypothèses relatives à la hauteur de la porte : sur la figure 47, il a respecté l'usage en présentant le côté extérieur.

Sa deuxième tâche consistait à changer le point de vue pour montrer à la fois l'autre côté de cette porte et les colonnes restituées dans la cella. De ce travail, on a tiré que le linteau de la porte et l'architrave de la colonnade corinthienne devaient avoir été au même niveau pour porter l'ordre d'étage. Donc la restitution de la porte entraînait celle de la **hauteur des colonnes** (ou vice-versa).

Fig. 65

Fig. 66

Restitution : péristyle de la tholos.

En troisième lieu, la restitution des montants de la porte a permis de voir que ceux-ci s'intégraient au rythme des ordres intérieurs si celui-ci était fondé sur la division du cercle en 16. Nous obtenons ainsi, au niveau inférieur, le nombre de 13 colonnes corinthiennes, auxquelles s'ajoutaient les deux montants, probablement traités comme des piliers du même ordre, tandis que la seizième place, au milieu de la porte, était laissée libre.

Fig. 67

Enfin, cela a conduit à restituer l'ordre d'étage de manière vraisemblable. De ses éléments, 15 reposaient à l'aplomb des précédents, et le 16e probablement au milieu du linteau (sans réel danger pour cette pièce si l'élément ne portait rien de lourd). Pour le détail, nous avons choisi l'ordre ionique à l'imitation du temple de Némée, et des colonnettes de préférence à des piliers pour conserver exactement les axes de l'ordre inférieur.

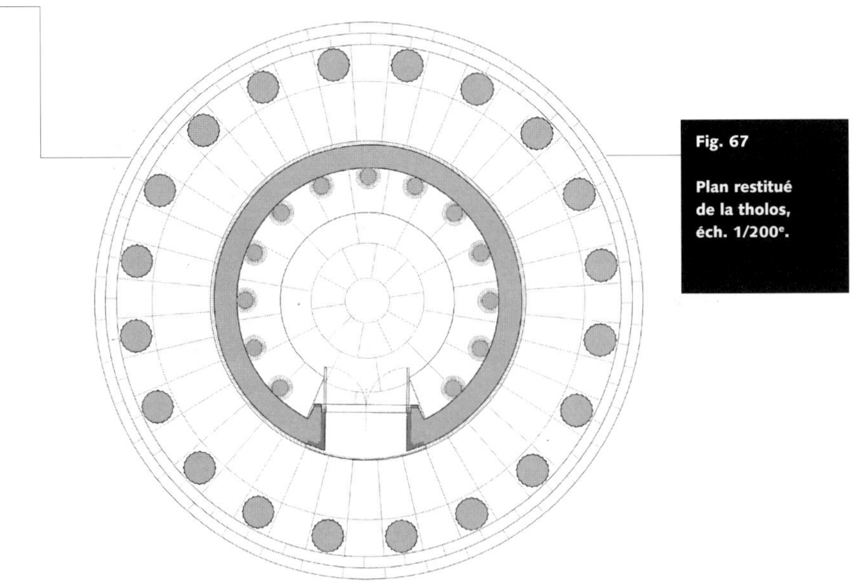

Fig. 67

Plan restitué de la tholos, éch. 1/200e.

f. La sculpture

La sculpture figurative comportait, outre les quatre-vingts métopes déjà citées, au moins huit statues acrotères sur les pans du toit, avec peut-être une neuvième, ou un fleuron, au sommet. Elle a été particulièrement facile à abattre parce que le relief des métopes était très haut et très détaché du fond. Nous avons donc un grand nombre de figures séparées, entières ou fragmentaires, dont la plupart sont des reliefs arrachés, quelques plaques sur lesquelles il ne reste que des traces d'arrachement aux contours souvent trompeurs, un couple de combattants reconstitué indépendamment de la métope, et seulement deux plaques auxquelles on a raccordé des figures. Fig. 68-73

Les « grandes » métopes du péristyle (65 cm) semblent avoir présenté surtout des duels illustrant un combat contre des Amazones et un autre contre des Centaures. Sur les « petites », qui décoraient le haut du mur sous le plafond de la galerie (42 cm), on pense pouvoir reconnaître des exploits d'Héraclès et de Thésée. Ces sujets sont tout à fait courants et leur fragmentation en épisodes allait de soi pour un sculpteur de métopes d'époque classique.

Parmi les statues dont on a retrouvé des fragments à Marmaria, une au moins était certainement un acrotère du toit de la tholos. Deux fragments non Fig. 59-60 jointifs peuvent lui être attribués (s'ils ne provenaient pas d'un même objet, cela

Fig. 68-69

Métopes de la tholos.

indiquerait l'existence de statues jumelles, qui n'aurait rien de surprenant ici). Elle représentait une jeune femme dans un mouvement de danse sur les pointes, sinon d'envol, avec un geste du bras levé pour retenir une draperie agitée par le vent. Sur la figure 56, on voit une composition par ordinateur des relevés des deux fragments, avec les parties manquantes esquissées d'après un exemplaire, à peu près contemporain, d'Épidaure.

La technique, qui varie le travail des surfaces et qui fait tourner les figures des métopes, y compris dos au spectateur, autant qu'elle les détache du fond, manifeste beaucoup de maîtrise et même de virtuosité. Les canons humains sont athlétiques dans la tradition classique, mais le goût pour les drapés qui s'envolent souplement ou au contraire qui glissent en dénudant les chairs féminines ressortit à ce qu'on appelle le second classicisme. Cette sculpture trouve ses meilleurs parallèles au temple d'Épidaure.

g. Datation et destination

On avait d'abord daté le monument du Ve s. av. J.-C. Mais les indices architecturaux aussi bien que la sculpture conduisent maintenant à une date plus récente, vers 380-370. Si on continue à croire que le séisme de 373 a détruit le temple d'Apollon, il est tentant de placer le premier état du toit avant cette date et le second après. Mais il va de soi qu'une telle rencontre peut paraître à certains trop belle pour être vraie.

Fig. 70-73

Figures provenant de métopes de la tholos.

Fig. 74

Restitution : temple en calcaire et tholos.

À quoi servait la tholos ? Entre beaucoup d'hypothèses, je ne recense ici que celle d'un temple dédié à Artémis ou aux Vents et celle d'une « hoplothèque » destinée à la panoplie d'Athéna. C'est cette dernière que je préfère. Nous en discuterons p. 89.

6. Le secteur Ouest

a. Le temple en calcaire (*43)

H.T. 2 et fig. 79

Juste à l'Ouest de la tholos, substructions du temple *43. Malgré l'état de démolition, qui n'a guère laissé en place que des fondations de conglomérat, le plan d'ensemble apparaît encore. Il était prostyle (avec une colonnade devant, mais non autour). Par exception, l'élévation d'ordre dorique n'était faite ni de tuf ni de marbre, mais du meilleur calcaire de la région, dit calcaire de Saint-Élie : d'où le nom moderne de « temple en calcaire ». Ce matériau a été taillé d'une manière si précise que la restitution théorique de l'architecture a pu être poussée très loin dans la publication.

Fig. 75 et 81
Fig. 80

La krépis (socle à degrés), plus large sous la façade à 6 colonnes, se resserrait sous les murs, mais uniquement par réduction de la saillie des degrés car le pronaos avait, aux axes, la même largeur que la façade. Ce pronaos, peu profond, était en outre dépourvu de colonnes entre les murs, et il communiquait avec la cella par une porte à trois baies, d'ordre ionique, une rareté en son genre. La cella était donc très éclairée. Large, elle ne comportait pourtant pas non plus de colonnes intérieures, de sorte que sa charpente était de fort équarrissage et devait comporter des fermes.

Fig. 74

Les ressemblances avec la tholos sont évidentes dans la précision de la taille qu'autorisait le choix du matériau et dans tel détail comme les ciselures de la krépis. En général, on en était à peu près au même stade de l'ordre dorique, bien que les colonnes aient été moins élancées et les détails moins nombreux. Mais, aux différences qu'implique l'étude du plan, il faut ajouter l'absence de sculpture décorative, probablement dans les frontons et en tout cas aux métopes (mais peut-être pas au toit). Enfin, il faut remarquer le travail des surfaces visibles.

Fig. 76
Fig. 78

Parmi celles-ci, les unes sont polies comme du marbre (colonnes, antes, montants de la porte, entablements) ; la pollution les a rendues grises, mais elles étaient presque blanches à l'origine. Les autres au contraire ne sont polies qu'au pourtour, tout le reste étant traité à la pointe en un fin relief qui crée des ombres claires (le reste des murs). Il y a là l'application manifeste d'une esthétique très différente du goût parthénonien qui dominait encore à quelques mètres de là dans l'architecture de la tholos, sinon dans sa sculpture.

Fig. 75

Temple en calcaire : élément de la porte ionique.

Fig. 76

Idem, architrave et frise ionique.

Fig. 77

Idem, fragment d'un chapiteau dorique.

Fig. 78

Idem, bloc d'un mur : parement.

Fig. 79

Temple en calcaire : fondations vues de l'Ouest.

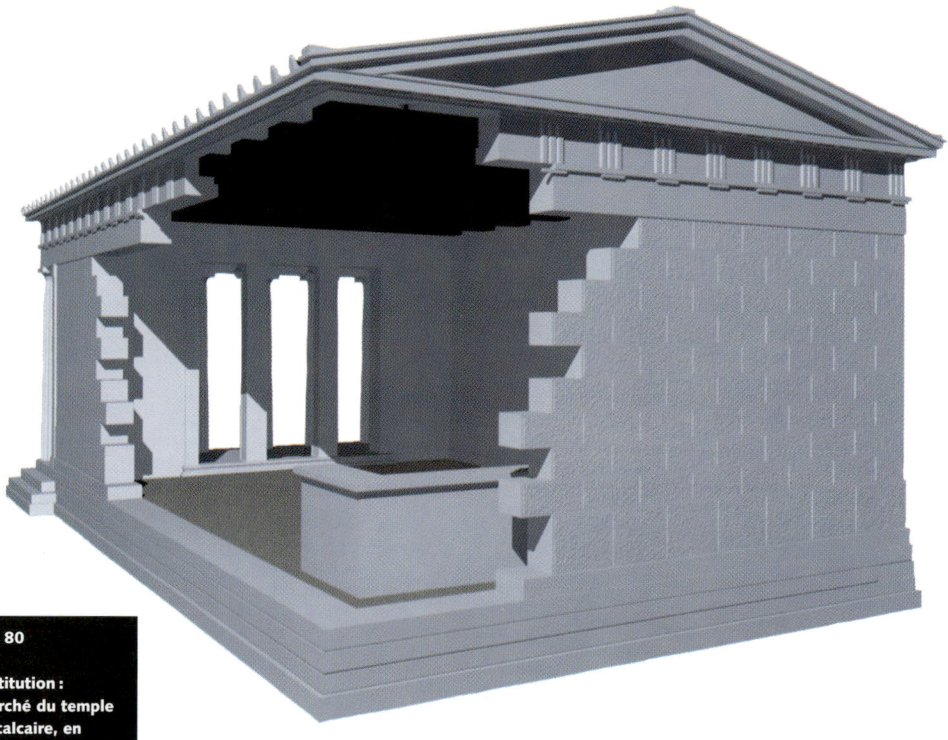

Fig. 80

Restitution : écorché du temple en calcaire, en regardant vers le Sud-Ouest.

Fig. 81

Restitution : porte ionique entre pronaos et cella du temple en calcaire.

Les principaux changements que nous pouvions apporter à la représentation traditionnelle consistaient donc à rendre plusieurs effets de contraste. L'un, comme toujours, entre face éclairée et face ombragée, qu'il s'agisse du bâtiment entier ou des cannelures d'une colonne. D'autres, tant à l'ombre qu'au soleil, entre les parties lisses qui avaient tendance à briller, et les parties comportant le piquetage qui les obscurcissait ; et même, plus subtilement encore, entre le parement piqueté des blocs courants des murs et les fins bandeaux qui les entouraient en créant un carroyage plus vif.

Fig. 74 et 80

Le monument, qu'on date habituellement de 365-360, serait peut-être mieux placé au troisième quart du IVe siècle, d'après les parallèles étudiés à Delphes même par D. Laroche, mais la base qu'il contient au fond est nettement postérieure, ce qui ne facilite pas le travail d'identification. L'appellation de « temple en calcaire » est conventionnelle. Nous verrons, p. 86-87, que « temple » est vraisemblable mais non certain, et qu'Artémis a au moins autant de chances qu'Athéna d'en avoir été la patronne.

Fig. 82

Temple en tuf.

Fig. 83

Trésor éolique.

b. L'édifice *44

H.T. 5a

À l'Ouest, les fondations du temple *43 ont coupé en biais celles d'un édifice antérieur. Celui-ci comportait deux pièces carrées derrière un vestibule commun qui s'ouvrait par une triple baie. Peut-être était-il fait de terre crue et de bois au-dessus du socle de pierres polygonales. L'orientation est celle du péribole de la fin du VIe s. av. J.-C. La technique nous paraît indiquer cette même époque ou la première moitié du Ve. Alors, le monument pourrait avoir été un temple double, par exemple pour Athéna et Artémis. Mais nous verrons, p. 87, que la question reste débattue.

La construction de *43 n'a pas fait totalement disparaître *44. Il en subsistait quelque chose à l'air libre, ne serait-ce que, au Sud-Ouest, le socle du mur, qui pouvait servir par exemple à contenir une terrasse liée à l'édifice *43.

Fig. 84

Trésor dorique.

Fig. 85

Temple en calcaire.

Fig. 82-85

Restitution de l'angle Sud-Est de quatre bâtiments de Marmaria.

c. Le péribole

Fig. 12

Le péribole Sud, des environs de 500, faisait retour vers le Nord à l'extrémité occidentale. Là où il est conservé, l'arase horizontale en crête des blocs polygonaux montre qu'il lui manque seulement une ou deux assises plates, et qu'il n'était donc pas haut. Il y avait peut-être une porte vers le gymnase. Le problème le plus intri-

H.T. 2

gant est celui de savoir ce qui se passait à l'angle Nord-Ouest, où il se perd actuellement sous les terres de la colline.

En effet, le mur de soutènement Nord *39 est d'une autre facture, en raison de ses blocs quadrangulaires, et il s'interrompt bien avant l'emplacement où un angle pourrait s'être trouvé : à son extrémité Ouest, on voit qu'il n'a pas été achevé. Au vu de ce détail et de son tracé en baïonnette, nous supposons qu'il a été fait en hâte entre la construction de la tholos et celle du temple *43, peut-être au lendemain du séisme de 373 et pour remplacer un précédent soutènement, détruit ou recouvert. Rappelons qu'il est probable qu'il a servi de péribole, mais que cela reste à démontrer.

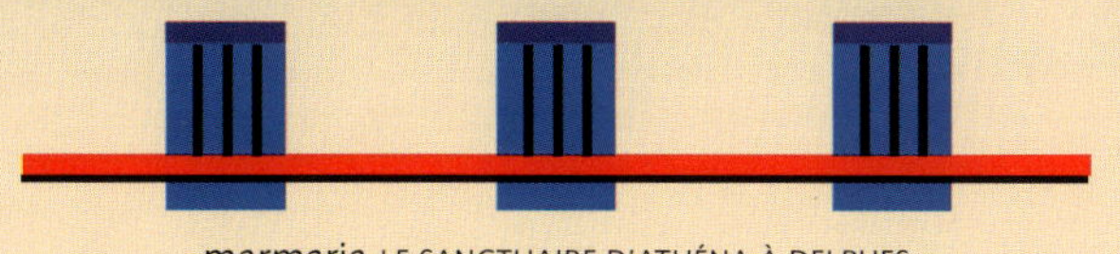

CHAPITRE IV

Questions d'hier et d'aujourd'hui

1. L'identification des monuments

a. Le problème traditionnel

Malgré la connaissance assez exceptionnelle que nous avons des formes de nos monuments, leur identification est difficile et fait l'objet de débats. Déjà proposée en 1991, la thèse que je présente ici essaie de tenir compte de tout ce qui a été écrit de sérieux, mais elle reste, elle aussi, hypothétique. En effet, dans l'attente du document indiscutable qui n'apparaîtra peut-être jamais, les chercheurs ne comprennent pas tous de la même façon les indices disponibles, et en particulier les trop rares textes.

Il faut d'abord reconnaître que nos questions diffèrent souvent de celles auxquelles ces textes avaient pour mission de répondre. Par exemple, lorsque des historiens antiques parlaient du cratère offert après la victoire qui sauva Rome en 396, ce n'était pas pour enseigner à leurs lecteurs l'emplacement du trésor des Massaliètes (= Marseillais) dans lequel on le déposa. Les inscriptions aussi ont déçu. Ainsi, alors que la situation devrait être favorable dans le cas d'une dédicace gravée sur architrave, on verra que le seul fragment envisageable ici, inscrit du nom des mêmes Massaliètes, peut être revendiqué non seulement pour notre trésor *33, mais aussi, à la rigueur, pour le trésor éolique du sanctuaire d'Apollon. Ou encore, un texte, qui expose les honneurs accordés à un personnage, nous apprend que celui-ci devait réparer « l'hoplothèque (située) à Pronaia » : voilà certes l'existence du bâtiment attestée, mais il reste soit à l'identifier parmi les fondations connues, soit à le découvrir.

Il existe pourtant un ouvrage qui avait pour vocation de guider les touristes : c'est la « Périégèse » de Pausanias (seconde moitié du IIe s. ap. J.-C.). Très utile dans de nombreux cas, et particulièrement à propos du sanctuaire d'Apollon, le texte est à notre goût beaucoup trop rapide au sujet de celui d'Athéna.

Là, il énumère en tout quatre monuments, qu'il appelle des temples. Sachant que nous voyons cinq bâtiments principaux d'aspect varié, presque toute la critique moderne s'est attachée à cette appellation de temples et à ce nombre de quatre : quel bâtiment était omis, et pourquoi (détruit, ou indigne soit du nom soit d'intérêt) ? Mais aucune solution ne s'est imposée.

b. Propositions actuelles (plan : H.T. 5, en 3e de couverture)

Pourtant l'accord semblait acquis au moins sur un point. Il faudrait suivre d'Est en Ouest l'énumération de Pausanias, parce que le texte commence par les mots : « En entrant dans la ville, on trouve une file de temples. Le premier, etc. » Ici, au contraire, je reprends une suggestion de D. Laroche qui, en 1991, a proposé de résoudre l'énigme en lisant l'énumération dans l'autre sens (d'Ouest en Est), comme le savant C. Robert l'avait proposé il y a bien longtemps.

Voici les raisons les plus accessibles. Pausanias semble être reparti du sanctuaire par le Nord : il n'y est pas nécessairement entré par l'Est. Mais il y a plus important. Il écrit : « Le premier temple était en ruines ». Faut-il croire que
Fig. 24 c'était le temple Est (en tuf, *29), selon la thèse commune ? Mais ce monument est le seul qu'on ait retrouvé partiellement debout. Et puis, on lit plus loin : « Et le dernier s'appelle temple d'Athéna Pronaia ». Était-ce le temple Ouest (en calcaire,*43) ? Pourtant, le temple de la déesse tutélaire devait se trouver dans la partie la plus ancienne du sanctuaire, à côté de son autel, comme *29 est à côté de *25. Sans l'image qu'impose la circulation actuelle, personne n'imaginerait le sens Est-Ouest.

***29 (temple en tuf : d'Athéna).** Certes, on pourrait imaginer qu'Athéna ait eu pour elle seule deux temples à la fois, *29 et *43, et que le premier soit tombé en ruines assez tôt. Mais il est plus naturel de reconnaître dans le monument de tuf *29 « le » temple de la déesse, debout jusqu'à la fin du paganisme (avec, au IIe s. ap. J.-C., la statue de culte et la statue en bronze offerte par les Massaliètes : voir *33).

Si Athéna a eu aussi des droits en *44, puis en *43, ce devaient être des droits partagés.

***43 (temple en calcaire : d'Artémis).** Plusieurs textes indiquent qu'Artémis, sœur d'Apollon et demi-sœur d'Athéna, avait un temple à Marmaria, et il semble raisonnable de chercher ce monument parmi ceux que l'on connaît plutôt que dans une zone non fouillée. Ayant d'autres attributions pour *32, *33 et *40 (ci-après), je propose pour Artémis le temple en calcaire *43, qui serait le temple en ruines par lequel commence la série de Pausanias.

Cependant, le monument pourrait avoir hérité de son prédécesseur *44 une double affectation (ci-après).

***44 (ancien temple double).** Une abondante trouvaille de poudre de marbre suggère une fonction d'atelier. Mais cette fonction doit avoir été secondaire. C'est à un temple à deux cellas (plutôt qu'à une salle de banquets) que les formes font songer : de ces cellas, j'attribuerais volontiers l'une à Artémis (v. *43) et l'autre, peut-être, à Athéna (v. *29). Après la construction du temple en calcaire, ce qui restait du bâtiment *44 a pu servir d'annexe à ce temple, mais nous ignorons sous quelle forme.

***33 et *32 (trésors).** Dans la série énumérée par Pausanias, le deuxième bâtiment « était vide de toute statue... et le troisième contenait des statues d'empereurs ». L'auteur ne se préoccupe pas de préciser ce qu'ils étaient à l'origine, mais, même s'il les groupe avec les autres sous l'appellation générique de « temples », il les considère tous les deux comme des abris pour offrandes, utilisés ou non, donc comme des trésors, ou à peu près. Je propose de les identifier aux deux monuments qu'un enclos de stèles réunissait : à savoir le trésor éolique *33, « vide » ; et le trésor dorique *32, « contenant des statues d'empereurs ».

Le trésor dorique *32, qu'aucun texte ne désigne de manière évidente, reste anonyme.

Fig. 86

Fragment d'acrotère en marbre provenant peut-être du temple en calcaire.

Fig. 87

Restitution : le temple en calcaire.

Le trésor éolique *33. Un trésor de Marseille a bien existé : nous ignorons à quelle occasion il avait été offert, mais nous savons par exemple que le Romain Camille y avait fait déposer un cratère en or pesant 8 talents, ou 200 kilos, après la victoire remportée à Véïes (396 av. J.-C., mais quelques décennies plus tard, le cratère fut fondu par les Phocidiens révoltés). Marseille était d'origine éolienne. Mais il y avait deux trésors éoliques à Delphes, notre n° *33 à Marmaria et un autre chez Apollon. Or la seule pierre inscrite du nom des Massaliètes a été retrouvée entre les deux sanctuaires : à la rigueur, elle pourrait revenir à l'autre trésor.

Pausanias a vu dans le pronaos du « temple d'Athéna » une statue en bronze de cette déesse offerte par les Massaliètes : cela prouve-t-il qu'il n'y avait pas de trésor massaliète à Marmaria ? Non, car il est vraisemblable que le trésor *33 a contenu des offrandes avant d'être vidé. Supposer que la statue venait du trésor massaliète et que celui-ci était notre n° *33 est donc légitime, mais non obligatoire.

***40 (tholos : hoplothèque ?).** Les interprétations suggérées par la forme de la tholos ont été aussi diverses que les préoccupations des commentateurs. C'est que la tradition est lacunaire. Le livre que l'architecte avait écrit sur son ouvrage s'est perdu, et le nom même de cet architecte (transmis par le Romain Vitruve) est considéré comme incertain : « Théodoros », ou Théodotos comme à Épidaure ? « de Phocée » en Asie, ou de la Phocide voisine de Delphes ? Nous ne savons pas non plus qui lui avait passé commande. Les historiens des mathématiques s'exercent sur les relevés...

Était-ce un temple ? Nous avons une mention d'un temple rond dédié à Artémis, mais ailleurs. À Delphes, je vois plus de raisons de reconnaître dans la tholos, selon une hypothèse de L. Lerat, « l'hoplothèque à Pronaia » de l'inscription (ci-avant, p. 85). Pausanias ne cite pas ce terme. Le bâtiment, très particulier, serait précisément celui qui est omis dans son énumération de « temples ». Il est facile de l'imaginer, sinon en simple dépôt d'armes, du moins en abri des panoplies qu'on offrait à Athéna, présentées dans la cella comme des trophées. Mais la preuve décisive fait toujours défaut.

2. Les autres offrandes

Les textes n'enregistrent guère que les offrandes les plus somptueuses, telles que les monuments dont nous venons de parler ou que le bouclier en or du roi Crésus. Ils peuvent aussi faire mention de sommes d'argent, même très petites, à cause de l'usage de noter ces sommes de la même façon que les autres non seulement dans les archives, mais aussi sur des stèles. Ce qu'ils nous laissent généralement ignorer, ce sont les objets que les pèlerins venus d'ailleurs ou les fidèles du lieu offraient à la déesse.

Quoique de tels objets se conservent toujours moins bien dans les sanctuaires que dans des tombes, la masse retrouvée est considérable, pour la simple raison que leur appartenance à la divinité les rendait sacrés et inaliénables. Elle permet de constater qu'Athéna ne méprisait pas les dons les plus modestes. Un
Fig. 89 petit vase à boire en terre cuite, semblable à des milliers d'autres dont Corinthe a inondé le monde grec dans les dernières décennies du VIIIe siècle, nous suffira comme exemple. N'en tirons pas l'idée que la déesse ait été particulièrement liée à la boisson : simplement, on lui a offert ce qu'on a pu (et si c'étaient des denrées périssables, celles-ci ont disparu). Ce que nous constatons sans surprise,

c'est la prédominance de cette origine corinthienne parmi les vases en terre cuite de cette époque trouvés à Delphes : elle témoigne moins de la piété des Corinthiens que de leur dynamisme économique.

On préférait assurément le métal, plus précieux que la terre cuite. Les objets, moins nombreux, restent cependant très divers, à commencer par ce que nous appellerions de la vaisselle. Mais, ici comme au sanctuaire d'Apollon, l'offrande la plus prisée jusqu'au milieu du Ve s. av. J.-C. semble avoir été le chaudron de bronze à trois pieds, ou « trépied », dans les différentes variantes qu'il a connues à travers le temps. Sans qu'on puisse assurer que le trépied ait perdu toute valeur utilitaire, il est certain qu'il était devenu symbole de victoire (aux concours ou sur les champs de bataille) et qu'en outre son nom servait à désigner le siège de la Pythie.

Au départ, les anses et les pieds, en bronze eux aussi, étaient travaillés séparément, puis rivetés à la cuve. Leurs ornements rappelaient ceux de la céramique

Fig. 88

Fragment de pied de trépied en bronze de style géométrique.

Fig. 89

Skyphos corinthien en terre cuite de style géométrique.

Fig. 88 contemporaine, de style géométrique. Quand il y avait des figures animées, en relief ou en ronde-bosse, c'étaient des oiseaux, des chevaux et des humains, généralement de sexe masculin, qui répétaient indéfiniment les mêmes schémas. Tel était le type habituel du VIIIe siècle. Fig. 90

Puis on adopta un modèle oriental dont le pied, d'habitude encore triple mais comportant des tiges de fer, était traité à part du chaudron. Ce dernier portait sur le rebord des ornements différents, dont des avant-trains (« protomés ») de lions ou de griffons, en bronze d'abord martelé puis fondu, ainsi que des sirènes, aussi bien masculines que féminines, en bronze fondu. Fig. 91-92

D'autres objets ont pu avoir un support indépendant. C'est ce qui nous est raconté au sujet du précieux cratère envoyé par le Romain Camille au début du IVe s. av. J.-C. : dès le milieu de ce siècle, les Phocidiens avaient fait fondre le vase pour utiliser à des fins guerrières l'or dont il était fait, mais, presque un demi-millénaire plus tard, Plutarque voyait ou croyait voir encore son support de

Fig. 90

Statuette fragmentaire en bronze provenant de l'anse d'un trépied de style géométrique.

Fig. 92

Protomé (avant-train) de griffon provenant du rebord d'un chaudron du VIIe s.

Fig. 91

Sirène en bronze provenant du rebord d'un chaudron du VIIe s.

bronze dans le trésor des Massaliètes. Ce support peut avoir ressemblé à celui
Fig. 93 dont nous illustrons ici un fragment.

Athéna recevait beaucoup d'armes. À défaut de pouvoir identifier une panoplie rituelle, les fouilleurs ont trouvé toutes sortes de pièces d'armement, parfois décorées. On ne s'étonne pas de telles offrandes auprès d'une déesse qui est toujours figurée en guerrière malgré ses autres fonctions. La question serait plutôt de savoir si ces armes étaient toujours fictives comme le bouclier d'or offert par Crésus (p. 45). Il semble que, mis à part quelques cas exceptionnels comme celui-là, certaines étaient des armes de parade, et les autres, en plus grand nombre, des armes courantes.

Mais il y avait apparemment peu de statuaire. Les deux statues d'Athéna que Pausanias situe dans le temple de la déesse restent presque isolées. Sont attestées aussi quelques statues d'empereurs romains, par le même auteur et par

Fig. 93

Fragment de support en bronze du VIe s.

Fig. 94

Statue péplophore (habillée du « péplos ») en marbre de style sévère.

Fig. 95

Base *34 devant les trésors (remarquer la ligne indiquant le niveau du sol).

Fig. 15 Fig. 95 une base inscrite d'Hadrien qui se trouve devant les trésors. Mais nos deux seules grosses bases d'époque classique sont énigmatiques.

Si nous laissons de côté les figures attribuées avec plus ou moins de certitude au décor des différents bâtiments, il reste un cas exceptionnel, celui de la Fig. 94 très belle « péplophore », ainsi nommée d'après son vêtement, le « péplos ». L'abondance des détails, traditionnelle dans la sculpture archaïque, a disparu ici grâce au choix de ce vêtement sobre ; l'artifice ne survit plus guère de manière sensible que dans les plis qui font éventail entre les genoux et dans l'attitude dont nous reparlerons, mais le choix qui est désormais fait du trait simple relève typiquement de l'esprit du style « sévère ». Cela nous place vers 480 ou 470, à l'époque du trésor dorique. Malgré le mouvement de course vers notre gauche, la jeune femme est présentée pratiquement de face, comme une figure d'acrotère. Mais le marbre ne porte pas les traces d'intempéries qui sont usuelles dans ce cas. Comme elle paraît trop grande pour les frontons des trésors et qu'on restitue des figures de tuf aux deux frontons du temple en tuf, la statue reste une énigme pour nous. De toute façon, quelle qu'ait été sa fonction, elle peut avoir figuré à l'abri dans un des bâtiments ou sous la colonnade du temple en tuf.

La rareté de la statuaire par rapport à ce qui est attesté chez Apollon est un phénomène qui doit s'expliquer simplement. Les statues étaient offertes en majorité par les cités ou les puissants qui avaient des vœux à faire ou des grâces à rendre, en matière politique surtout. Par conséquent, c'est normalement à l'oracle pythien qu'elles étaient adressées.

En revanche, nous avons déjà noté que les trépieds se trouvaient aussi bien chez Athéna, et il vaut la peine, pour finir, d'insister sur le caractère hétéroclite des offrandes qu'elle recevait. On voit tout ensemble de la vaisselle, des armes, des figurines dont certaines sont masculines, et des objets qui passent pour féminins, comme des bijoux et des pesons de métier à tisser. Il serait arbitraire de faire un tri. S'il est vrai qu'Athéna n'était pas, à Delphes, une divinité aussi importante qu'Apollon, du moins elle était la maîtresse dans son propre sanctuaire et ses fidèles pouvaient lui reconnaître des mérites multiples et l'honorer avec ce qu'ils avaient.

CHAPITRE V

Le mécénat technologique au service du grand art

1. Expériences antérieures et méthodologie de travail
(par Marc Albouy, Philippe Martinez et Guillaume Thibault)

a. Les leçons du passé

L'opération de mécénat technologique menée conjointement par Électricité de France, la Maison de l'Archéologie de Bordeaux et l'École d'Architecture de Nancy au bénéfice de l'École française d'Athènes est l'aboutissement de plus de dix années de recherches. Karnak, Louxor, la Cour Carrée du Louvre, la Place Stanislas à Nancy, le Pont-Neuf à Paris, l'amphithéâtre d'El-Jem, la grotte Cosquer à Marseille, cette liste traduit un effort de recherche portant sur l'approche archéologique, la méthode numérique et les technologies utilisées.

Archéologues, architectes et informaticiens ont adopté au cours de ces expériences une déontologie qui peut s'exprimer ainsi : à la différence de projets où les images sont « belles » avant d'être « vraies », les projets de restitution numérique menés par Électricité de France cherchent à s'appuyer sur des fondations scientifiques sûres. Cela peut au besoin provoquer un réexamen de ces fondations. L'objectif n'est donc pas de produire de superbes images comme celles réalisées par des artistes capables de restituer l'Alcazar de Cordoue à partir de simples cartes postales, sans quitter leur écran. Il ne s'agit pas non plus d'offrir des restitutions dessinées à partir d'une documentation archéologique plus ou moins exhaustive. Car si chacune de ces expressions est utile pour donner au curieux une vision globale d'un site, notre démarche est différente. Elle vise d'abord à fournir à l'archéologue une vision cohérente, ordonnée et en trois dimensions, de son objet d'étude, et ensuite seulement, après évaluation critique et validation, à la diffuser auprès d'un public plus large.

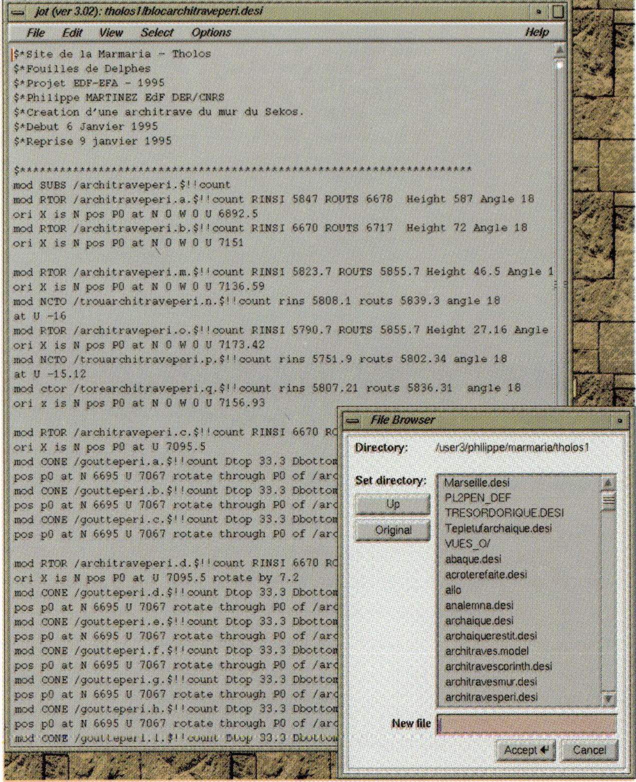

Fig. 96

La première partie du travail comprend la saisie des données métriques (dimensions, orientation, position) au moyen d'un simple traitement de texte. On constitue des suites d'ordres pour le logiciel de modélisation tridimensionnelle.

b. Une démarche classique complétée de facettes originales

La démarche scientifique adoptée pour la restitution numérique débute par la recherche exhaustive des sources d'information (relevés architecturaux, topographiques et épigraphiques, textes anciens, blocs épars, traces de couleurs, photographies). Elle se poursuit par un travail informatique mené en contact étroit avec les spécialistes du site. Viennent ensuite les discussions des différentes hypothèses de restitution, assistée par la visualisation en trois dimensions des éléments architecturaux, des sculptures, des couleurs et des textures. Ces discussions peuvent induire un retour sur le terrain. Finalement, le calcul informatisé produit les images.

Ce processus est soumis à une évaluation critique du raisonnement bâti pour chaque élément restitué. Si elles s'énoncent aujourd'hui clairement, ces exigences ont été formulées et remplies progressivement.

Cette démarche classique comporte deux facettes originales, apparues dès la restitution du temple d'Amon à Karnak. En 1987, cette expérience avait constitué une première mondiale : les logiciels d'architecture industrielle étaient-ils capables de maîtriser la représentation d'un ensemble monumental complexe, demeuré en constante évolution durant vingt-quatre siècles ? La réponse fut positive et le succès public significatif.

Une méthode architecturale modulaire

À cette occasion, les chercheurs remarquèrent que l'efficacité de la méthode reposait sur la modélisation des formes élémentaires de l'architecture égyptienne (colonnes, obélisques, pylônes...), et sur l'articulation de ces formes en cours, péristyles, salles. En d'autres termes, le souci d'efficacité suggérait de suivre pas à pas la conception de l'architecture égyptienne pour créer une base tridimensionnelle des formes architecturales antiques et écrire une grammaire des bâtisseurs de Pharaon. La méthode a été validée et enrichie au cours des deux projets suivants : la modélisation du temple de Louxor, revêtu pour la circonstance des textes hiéroglyphiques et des scènes figuratives qui ornent ses murs, et la simulation virtuelle de l'éclairage de la Cour Carrée du Louvre. Le succès de la méthode incita la Maison de l'Archéologie de Bordeaux à l'appliquer aux édifices de spectacle antiques, notamment à l'amphithéâtre d'El-Jem.

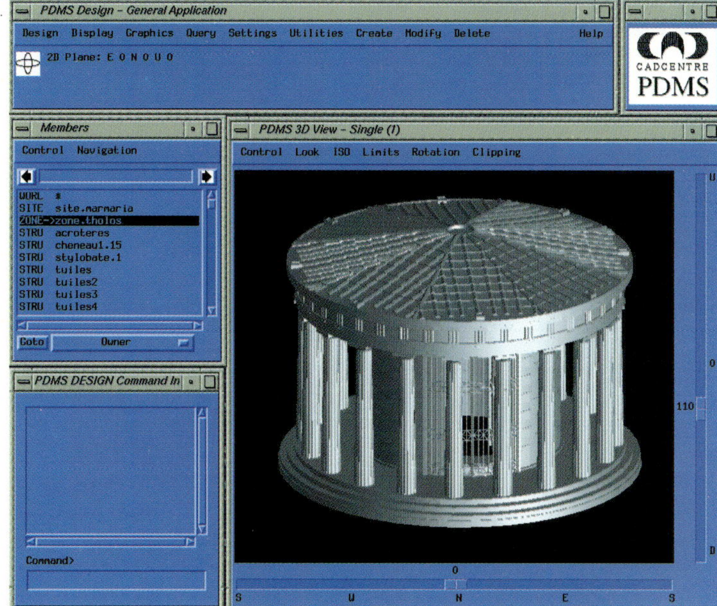

Fig. 97

Interface utilisateur du logiciel PDMS © CADCentre. PDMS permet de créer une maquette virtuelle à partir d'entités géométriques simples.

Le projet Marmaria témoigne aujourd'hui d'une réflexion analogue portant sur l'architecture de la Grèce antique. Le caractère régulier de la maçonnerie grecque suggérait en effet d'élaborer un vocabulaire et une syntaxe architecturale spécifique. Cette démarche, entreprise par la Maison de l'Archéologie de Bordeaux pour les bâtiments quadrangulaires (temples, trésors), puis étendue par le laboratoire d'EDF aux édifices circulaires (comme la tholos), est détaillée dans la seconde section de ce chapitre.

Un dialogue assisté par l'image

Les architectes, archéologues et informaticiens, regardant ensemble, à l'écran de l'ordinateur, les édifices représentés avec leurs trois dimensions, pouvaient dialoguer et analyser différentes hypothèses de restitution. Ils bénéficiaient ainsi de la puissance logique et graphique des ordinateurs. Cette démarche, employée pour vérifier les hauteurs des pylônes, avait aussi permis de présenter deux hypothèses du « temple des origines », le temple construit par le pharaon Sésostris Ier pour abriter la statue d'Amon. Plus qu'un simple instrument de représentation, la CAO se révélait un outil efficace de test d'hypothèses.

Fig. 98

Quelques éléments du vocabulaire architectural classique créé à l'aide de PDMS.

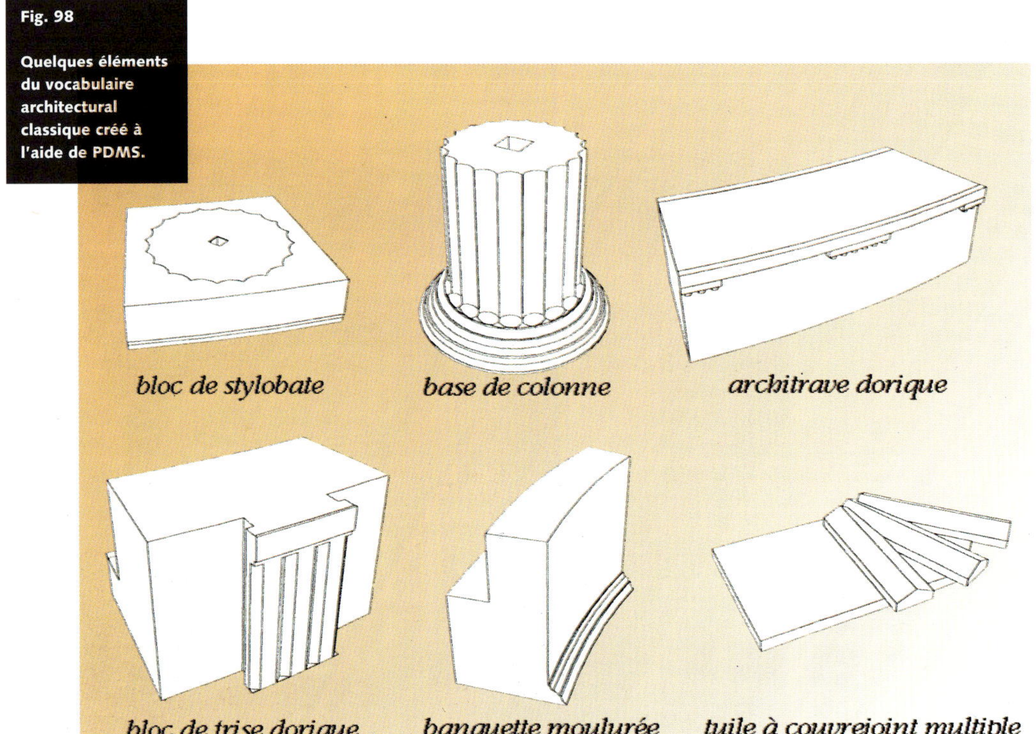

Dans le projet Marmaria, l'expérience a été renouvelée. En décembre 1995, les quatre hypothèses concurrentes de la tholos de Delphes devaient être restituées. Cependant, par la médiation d'un dialogue interactif, elles ont été abandonnées ou modifiées l'une après l'autre. Dans la troisième section de ce chapitre, Philippe Martinez et Didier Laroche, acteurs de la nouvelle reconstruction de la tholos, expliquent que la « clé » se trouvait pour l'essentiel dans la porte de cet édifice.

Ce dialogue a été facilité en raison des compétences informatiques des architectes et archéologues travaillant dans les laboratoires participant au projet Marmaria. Ils ont pu se charger de la modélisation à toutes les étapes.

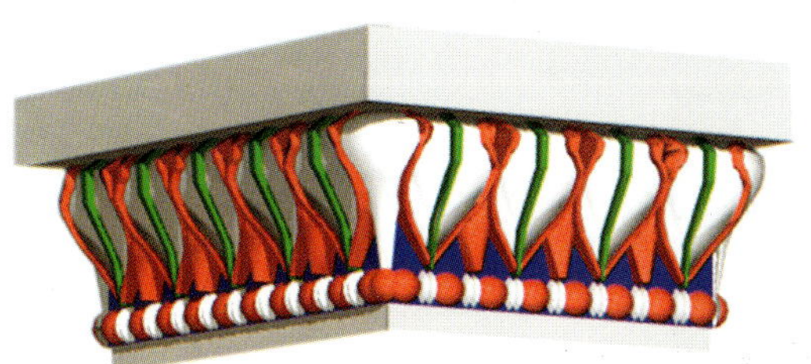

Fig. 99

La modélisation des trésors comporte des éléments surfaciques complexes. Ici, des éléments du trésor éolique.

c. Une méthodologie en pleine évolution

Le projet Marmaria a bénéficié de quatre apports méthodologiques nouveaux.

A. Jusqu'à présent, la taille des sites traités et la puissance de calcul limitée des ordinateurs graphiques avaient réduit la représentation de l'architecture à des modélisations globales. Dans le cas de Marmaria, les intervenants ont cherché à constituer une base de données détaillée faisant la synthèse des données scientifiques récoltées depuis bientôt cent ans. C'est pourquoi ces modélisations ont été réalisées en suivant les conceptions mêmes des architectes antiques et en respectant les pratiques des maîtres maçons de l'époque : chaque édifice pour lequel la connaissance de la stéréotomie était suffisamment avancée fut modélisé bloc à bloc. La seconde section de ce chapitre décrit en détail ce travail.

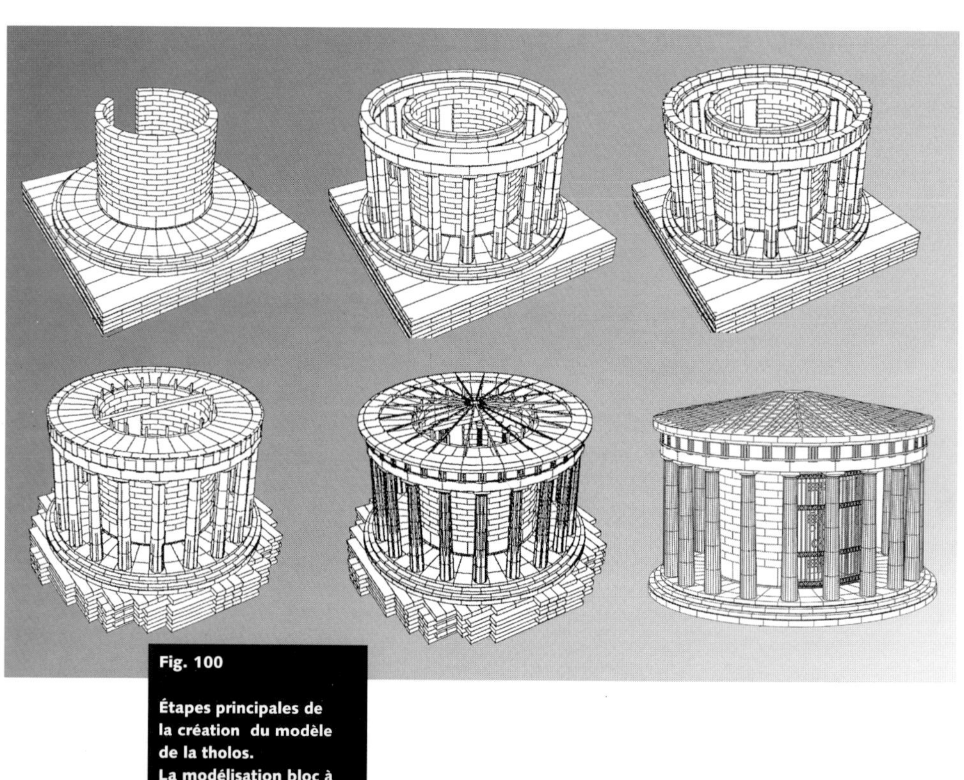

Fig. 100

Étapes principales de la création du modèle de la tholos. La modélisation bloc à bloc peut permettre de restituer le chantier antique.

B. Des photographies laser en trois dimensions ont été réalisées en Grèce pour enregistrer puis restituer des formes sculptées (têtes de lion, blocs d'acrotères...). Elles ont également fourni des mesures très précises permettant de connaître par exemple la courbure et la pente du faîte de la tholos ou encore d'assurer la restitution des colonnes du temple archaïque. Les relevés laser ont de plus été employés pour mener l'anastylose virtuelle de certaines statues, notamment des acrotères de la tholos. Cette technologie, unique au monde, est présentée dans la quatrième section de ce chapitre.

C. Dans les projets précédents, les maquettes virtuelles des différents bâtiments étaient disposées sur une surface plane ne respectant pas les dénivellations du terrain. Cette simplification, acceptable pour la Cour du Louvre ou le temple d'Amon à Karnak, ne l'était plus dans le cas de Delphes. Le site est en effet bâti à flanc de colline ; les bâtiments sont proches les uns des autres. Aussi,

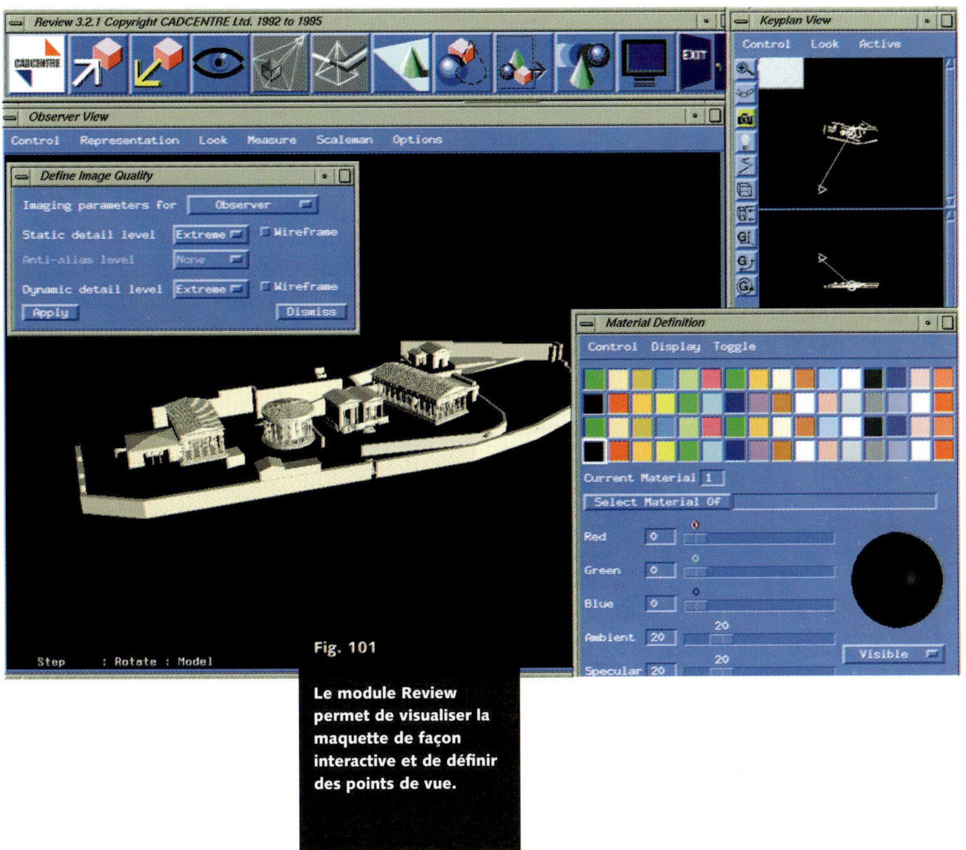

Fig. 101

Le module Review permet de visualiser la maquette de façon interactive et de définir des points de vue.

la représentation globale a-t-elle exigé de construire un modèle topographique du terrain, d'y placer bâtiments et péribolès et, compte tenu de la beauté naturelle du lieu, de suggérer le décor, en créant un paysage virtuel. La cinquième section de ce chapitre présente ces différents traitements.

D. Il était également nécessaire que les images redonnent aux édifices leurs couleurs et leurs textures (quelquefois surprenantes il est vrai, comme le seraient celles des tympans des églises romanes, mais véridiques), et restituent leurs oppositions d'ombre et de lumière caractéristique des pays méditerranéens. Ces études sont présentées dans la sixième section.

2. Une base de données de l'architecture classique à Marmaria

(par Jean-François Bernard et Philippe Martinez)

a. Représentation de l'architecture et maquettes informatiques

La représentation de l'architecture se donne deux finalités principales : l'élaboration du projet, qui va de l'esquisse à l'exécution, et la communication du projet, dont les destinataires sont aussi bien les professionnels de la construction que les clients ou le public. Les plans, coupes et élévations constituent les moyens les plus scientifiques de communication de l'architecture. Complétés par un système de cotation complet, ils sont les documents nécessaires et suffisants à la réalisation du projet. Mais cette normalisation les rend difficilement interprétables par le néophyte. Un type d'illustration complémentaire s'avère donc nécessaire. C'est le rôle imparti aux vues volumétriques, perspective et axonométrie, qui révèlent les qualités plastiques du projet. Cependant, réalisées à partir d'un point de vue particulier choisi par l'architecte, elles ne donnent à voir qu'une vision subjective, un angle privilégié de l'édifice.

Pour allier force d'expression et objectivité, on a, avec Vitruve et Michel-Ange, fait appel à un mode de représentation « multi-points de vue » : la maquette (terme dérivé de l'italien macchietta, signifiant ébauche). Celle-ci répond à la double exigence d'assistance à la conception (maquette d'étude rendant compte des caractères essentiels du projet) et à la communication du projet (maquette imitant le projet fini). Toutefois, si l'on peut tourner autour de la maquette, elle ne permet guère de visiter l'intérieur du monument. De plus, elle ne restitue qu'un moment de l'histoire de l'édifice et non son évolution.

La maquette numérique informatique, ou maquette « virtuelle », est en revanche apte à répondre à l'ensemble des exigences que nous venons d'évoquer : elle permet la production de plans, coupes, élévations et perspectives, vues techniques ou plastiques destinées aux concepteurs et aux utilisateurs de l'architecture, et cela à n'importe quelle échelle. Elle possède en outre deux avantages essentiels sur la maquette traditionnelle. Il est d'une part possible de pénétrer à l'intérieur des espaces bâtis. D'autre part, le modèle numérique acquiert le caractère précieux d'être sans cesse perfectible, car sa construction ne met en œuvre aucun matériau réel. Cette dernière possibilité prend toute son importance en archéologie, où l'avancement des recherches enrichit sans cesse les connaissances et entraîne une remise en question permanente des hypothèses.

b. Pourquoi une base de données des formes de l'architecture classique ?

Une maquette numérique est d'autant plus rapide à élaborer que la réalisation de l'édifice en cause a fait appel à des formes types (un vocabulaire) et à une syntaxe architecturale (une grammaire). Le vocabulaire des formes de l'époque classique, formulé par Vitruve et ses émules, et souvent considéré comme le « latin » de l'architecture, est à ce titre particulièrement intéressant. Ses éléments les plus remarquables sont les ordres grecs (dorique, ionique et corinthien), caractérisés chacun par un ensemble spécifique de formes et de proportions. Ces ordres furent ensuite adaptés à l'époque romaine avant d'être idéalisés par les théoriciens de la Renaissance, tels Serlio et Vignole.

Une colonne, par exemple, peut être définie comme la superposition d'une base (excepté pour le dorique), d'un fût et d'un chapiteau. On décrit ainsi l'objet générique baptisé « colonne ». Chaque partie est elle-même constituée par l'organisation raisonnée d'un certain nombre d'éléments plastiques caractéristiques (tore, cannelure, listel, abaque). Tous ces objets peuvent être, au moyen d'une séquence de commandes, construits, nommés, dimensionnés, positionnés et orientés. On obtient alors la représentation d'un type de colonne, fondée sur la description théorique que proposent Vitruve et les architectes de la Renaissance.

Par exemple, toutes les colonnes de l'ordre dorique, conçues sur un même modèle, sont néanmoins différentes dans leurs détails, ceux-ci dépendant du lieu et de l'époque de leur construction ou de l'inspiration novatrice de leur concepteur. Ces variations sensibles sont aujourd'hui représentées par les paramètres d'une équation, qui sont intégrés dans de nouveaux fichiers d'instructions, conçus sur la base commune précédemment élaborée. On peut alors décrire et construire des sous-types de colonne particuliers, tels qu'une « colonne dorique du temple en calcaire de Delphes ».

Cette démarche est rendue possible par un caractère essentiel de la construction d'époque classique : le tout y est la composition harmonieuse de formes élémentaires. Cette composition spécifique, dépendant souvent de leur fonction, donne leur caractère respectif aux différents types d'édifices.

c. La stéréotomie dans les modélisations des édifices de Marmaria

Chaque édifice dont la stéréotomie était suffisamment connue a été modélisé bloc à bloc. Le temple en tuf et quelques bâtiments annexes trop détruits ont seuls échappé à cette démarche. Le résultat de ce travail, qui compliqua la modélisation, est peu perceptible dans les images finales puisqu'une fois terminés, certains édifices étaient revêtus d'un enduit fin et lissé, masquant le jointoiement des blocs pour donner leur unité aux formes architecturales.

Cette démarche a permis d'envisager une « conception assistée par ordinateur » des édifices antiques, même si cette dernière n'a pu se faire qu'à rebours et à partir de données souvent fragmentaires. Partant de la simple représentation visuelle d'une réalité supposée, les modèles ont acquis peu à peu le statut de synthèse architecturale cohérente, pour y gagner sans doute en véracité.

À terme, c'est une grammaire constructive et un vocabulaire architectural étendu qui sont ainsi peu à peu formulés avec de nouveaux outils numériques pour l'architecture gréco-romaine et l'architecture moderne qui en réutilise les formes. Se présentant sous la forme de jeux d'instructions paramétrés, ils pourront être réutilisés, adaptés et augmentés pour des modélisations futures.

3. Les hypothèses à propos de la tholos

(par Philippe Martinez et Didier Laroche)

La maquette numérique de la tholos a été élaborée en s'appuyant sur les connaissances scientifiques actuelles du monument, c'est-à-dire sur la publication de l'édifice parue en 1925, complétée et corrigée d'abord dans les années 30 par l'anastylose d'une partie de l'ordre extérieur, puis par plusieurs études portant essentiellement sur sa charpente et sa couverture. Ce sont les éléments des parties intérieures de l'édifice, ayant souffert d'un incendie, qui posent l'essentiel des problèmes liés à sa restitution.

La modélisation du soubassement et de la colonnade extérieure ne pose pas de problème particulier. Toutefois, les colonnes la composant, formées à l'origine de quatre tambours, en avaient reçu un cinquième lors de l'anastylose. L'ordre dorique a ainsi gagné en élancement et en élégance, mais il déroge aux canons de l'architecture de l'époque classique. Aussi, cette reconstruction n'est-

Fig. 102

Le modèle « maçonné » permet de monter et de démonter l'architecture à volonté pour réaliser par exemple une vue « en éclaté » de la tholos[(1)].

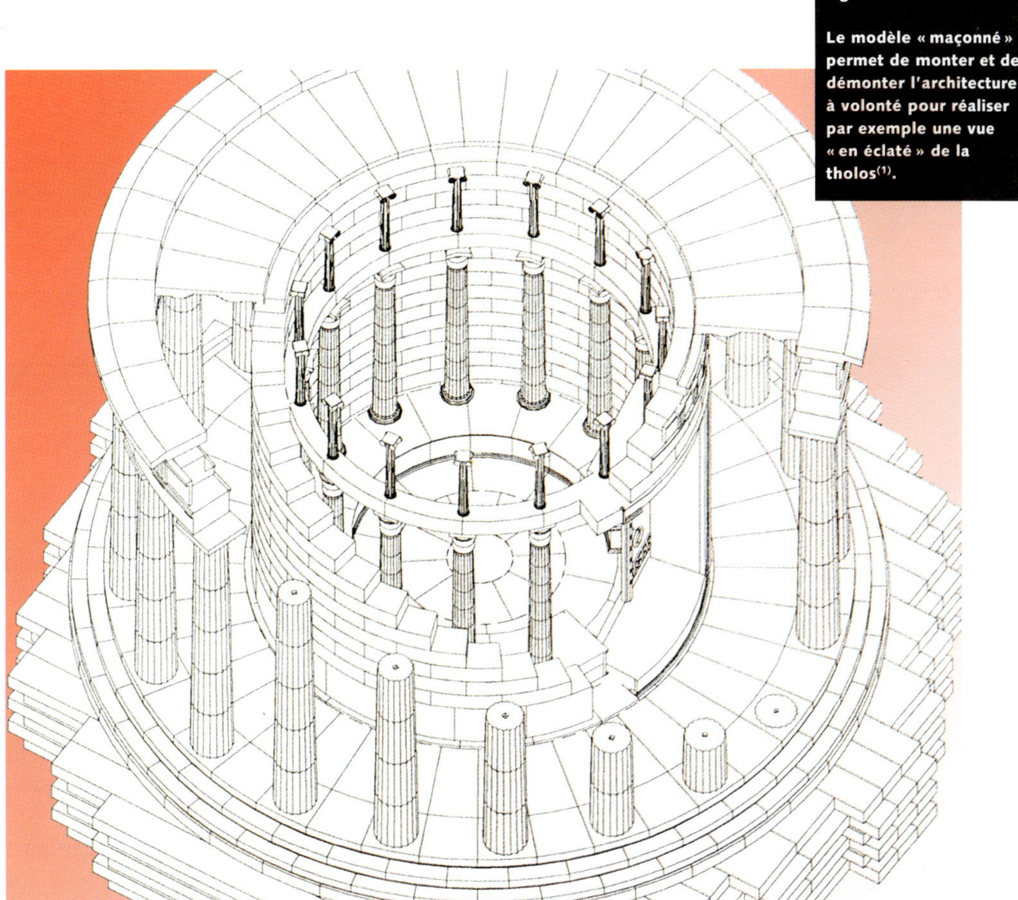

elle pas acceptée par toute la communauté scientifique : dans une publication anglo-saxonne récente figure encore l'ancienne élévation à quatre tambours. Nous avons décidé d'appuyer notre restitution sur des mesures réalisées à l'aide du scanner SOISIC (voir plus loin) sur deux des colonnes à cinq tambours remontées sur le site. Ces mesures ne révèlent aucune incohérence et permettent de valider l'anastylose. Notre restitution numérique reprend donc l'hypothèse d'une élévation à cinq tambours, énoncée en 1938.

Des difficultés sérieuses apparaissent au-delà du péristyle. En premier lieu, la publication de 1925 avait conclu que les vantaux de la porte s'ouvraient vers l'extérieur, au prix d'un système complexe d'huisserie et de points de pivotement décalés. Le principal argument avancé reposait sur le fait que, si les vantaux s'étaient ouverts vers l'intérieur, solution pourtant la plus courante, ils auraient buté sur le banc intérieur, ne laissant qu'un passage trop étroit. L'ins-

(1) Les colonnades intérieures ne correspondent qu'à une hypothèse de restitution.

cription parfaite des vantaux dans l'embrasure de la porte était un argument visant à justifier ce dispositif inédit. Un nouvel examen sur le terrain des parties conservées et du fonctionnement de la porte sur l'écran de l'ordinateur a montré que la forme du banc permet en fait une ouverture normale vers l'intérieur.

Dans le même temps, nous avons été amenés à réviser l'opinion selon laquelle la grille protégeant la porte n'aurait été mobile que dans sa partie centrale, limitant de ce fait la largeur du passage. L'existence de cette dernière est attestée par quelques points d'ancrage encore visibles devant le seuil et sur certains parpaings contigus à la porte. Un réexamen a montré que l'ensemble des deux battants de la grille devait pivoter. En position ouverte, ils venaient obstruer le passage du péristyle et soulignaient de façon monumentale la travée axiale. Les vantaux de la grille et de la porte sont représentés pour la première fois, de façon très précise, après une étude poussée des traces d'encastrement encore visibles, et en tenant compte de parallèles.

Le passage de la porte était quant à lui formé par un caisson de bois précieux. L'emplacement des éléments de ce caisson se déduit des traces d'encastrement visibles sur le seuil. Ces éléments une fois restitués, des espaces vides apparaissaient de part et d'autre de la porte. Une vérification sur place a permis de postuler la nécessité d'un retour de blocs de la maçonnerie, retour formant « piédroit » au revers des premières assises. Ce dispositif est d'ailleurs conforme à la solution adoptée dans bon nombre d'édifices non circulaires de la même époque.

L'analyse s'est ensuite portée vers les parties hautes de la porte, plus particulièrement le linteau qui n'a jamais été retrouvé ni représenté. Il fallait d'abord le positionner en hauteur, en tenant compte du découpage et de l'agencement des pierres, des proportions habituelles des portes de temple, et enfin l'intégrer au « caisson » que forme le passage de la porte.

La restitution que nous proposons découle donc d'une suite de raisonnements logiques. Elle a des retombées importantes sur les hypothèses concernant l'organisation spatiale intérieure de l'édifice. En effet, le linteau modélisé s'accorde mal avec la représentation de la colonnade intérieure décrite dans la publication de 1925. La position du linteau est incompatible avec la hauteur des colonnes corinthiennes proposée alors. La colonnade intérieure remise en perspective, ses éléments apparurent trop grêles pour une architecture du IVe siècle.

Plutôt que d'y voir un ajout d'époque romaine, hypothèse envisagée, nous avons pris le parti de réduire leur hauteur de huit à sept tambours. Cette hypothèse paraît d'autant plus intéressante qu'elle place la partie supérieure des chapiteaux au niveau de la face inférieure du linteau de la porte. Elle révélait cependant l'existence d'un vide important au-dessus des colonnes. Or on sait que dans certains temples contemporains de la tholos (Tégée, Némée), une colonnade supérieure à l'intérieur des nefs est attestée.

Il devenait dès lors possible d'envisager un même dispositif à la tholos, à savoir l'existence d'un ordre supérieur composé de colonnettes, probablement ioniques. Cette solution permet à la fois de combler l'espace vide au-dessus des colonnes corinthiennes et de venir avec des supports verticaux directement au contact de la charpente.

Il existe dans les réserves du musée de Delphes des chapiteaux ioniques en marbre de proportions satisfaisantes. Ne portant, à la différence des chapiteaux corinthiens de la colonnade inférieure, aucune trace d'encastrement dans un mur, ils n'ont cependant pas été retenus. Mais la modélisation informatique tridimensionnelle de cet ordre supérieur restitué a apporté une information nouvelle. En tenant compte des proportions de l'ordre corinthien, il est apparu que les colonnettes supérieures n'entraient pas obligatoirement en contact avec le mur et pouvaient être totalement libres. Dès lors, l'hypothèse d'une appartenance de ces chapiteaux à un ordre supérieur reste plausible. La modélisation effectuée s'inspire de cette possibilité.

Cette modélisation amena à considérer, pour la première fois, la porte et l'espace situé au-dessus du linteau comme des éléments à part entière de la colonnade intérieure, jusqu'alors perçue comme distincte. La porte retrouvait ainsi pleinement son rôle dans la structuration de l'espace intérieur. Elle soulevait cependant un dernier problème : devait-on placer une colonnette au centre du linteau, en sa partie la plus faible ? Un parallèle fut trouvé à l'Arsinoeion de Samothrace, rendant crédible cette hypothèse.

Il restait à définir le rythme de la colonnade. La connaissance de traces laissées par les fûts de la colonnade corinthienne sur quelques parpaings du mur impose de rejeter les solutions qui restituent régulièrement les colonnes, en fonction de la stéréotomie du mur. Qui plus est, en tenant compte de l'intégration nouvelle de la porte dans l'organisation intérieure de la cella, les solutions plaçant les colonnes trop près des limites de la banquette devenaient suspectes. Si la modélisation n'a pas permis d'apporter une solution incontestable à ce problème, elle a permis d'éliminer les solutions incohérentes. Des essais réalisés de façon systématique à partir de plusieurs divisions du cercle nous ont ainsi conduits par élimination à retenir une solution logique, hautement probable.

Il fallait enfin résoudre le problème délicat du rapport de l'ordre intérieur avec la charpente et la couverture. La solution retenue est constituée d'un ordre à seize colonnes. Elle présente l'avantage de faire reposer le poids principal des éléments de la première couverture octogonale toutes les deux colonnes. Cet ordonnancement régulier laisse libre de toute charge la colonnette située au-dessus du linteau et répartit au contraire les charges sur les « piédroits » situés de part et d'autre de la porte. On peut également envisager de surmonter ces « piédroits » d'un chapiteau corinthien, ce qui intégrerait ainsi totalement la porte au système rythmique de l'ordre intérieur.

La restitution de la toiture octogonale s'appuie sur des études antérieures et sur les vérifications qui ont été faites sur les tuiles et les couvre-joints conservés. Le fleuron sommital, ornement bien connu des toitures en marbre de cette époque, est venu la compléter. Quant à la seconde couverture, qui date d'un état ultérieur, sa modélisation est volontairement restée évasive, car nous ne disposons d'aucun élément conservé.

Au total, au moyen d'une modélisation bloc à bloc et de tests logiques, il a été possible de faire évoluer la restitution de la tholos de Delphes. Toutefois, le modèle obtenu ne peut être perçu comme définitif, car il retient des éléments probables, formant cependant un tout cohérent, des fondations à l'acrotère faîtier.

La reconstruction hypothético-déductive de la tholos illustre l'intérêt de l'outil informatique en tant qu'instrument de test d'hypothèses. Le monument y a gagné en cohérence : la tholos n'apparaît plus seulement comme un joyau original de l'architecture antique ; c'est surtout le chef-d'œuvre et le manifeste d'un architecte sans doute théoricien, mais également en résonance profonde avec les recherches architecturales de son temps.

4. La modélisation au plus près du réel

(par Guillaume Thibault et Philippe Martinez)

Les modélisations tridimensionnelles, réalisées la plupart du temps à partir de documents bidimensionnels (plans, élévations, coupes...), deviennent difficiles à élaborer si l'on s'intéresse à des formes aussi complexes que des sculptures d'acrotère, des chapiteaux corinthiens ou des gargouilles léonines. Les courbes savantes de ces objets étant facilement trahies par les simplifications d'un relevé manuel, il est indispensable de disposer d'un nombre très important de mesures tridimensionnelles. Or, avec les progrès récents de l'optique et de l'informatique, de nouveaux outils sont apparus, produisant à une cadence élevée des mesures directes sur des objets réels. Un capteur de nouvelle génération a ainsi été utilisé pour enregistrer, avec minutie, précision et rapidité, des millions de points à la surface des objets à Delphes.

Fig. 103

Le scanner tridimensionnel SOISIC à pied d'œuvre sur la terrasse de Marmaria.

a. Un capteur tridimensionnel et un logiciel de reconstruction 3D

Si plusieurs équipes dans le monde travaillent sur le thème du relevé optoélectronique, la société française MENSI et Électricité de France ont développé dans le cadre d'un partenariat un capteur tridimensionnel unique au monde, SOISIC, ainsi qu'un logiciel d'exploitation, 3Dipsos. Électricité de France avait utilisé SOISIC et 3Dipsos dans plusieurs études de maintenance en centrale nucléaire ainsi que dans des actions de mécénat technologique (simulation de l'éclairage du Pont-Neuf et du Pont-Marie à Paris, fac-similé en couleurs dans la grotte Cosquer à Marseille).

SOISIC relève les coordonnées tridimensionnelles de points d'une scène par triangulation laser plane. Une diode laser produit un faisceau lumineux de faible puissance, en suivant un balayage plan. L'impact laser est observé par une mini-caméra vidéo. Un calcul de triangulation conduit aux coordonnées cartésiennes (x, y, z) du point éclairé. SOISIC produit de cette manière l'équivalent d'une photographie en trois dimensions : à la différence d'un appareil photographique classique, les images ne sont plus formées de points (x, y) situés sur un plan. Elles possèdent désormais une dimension supplémentaire, une profondeur définie par la coordonnée z.

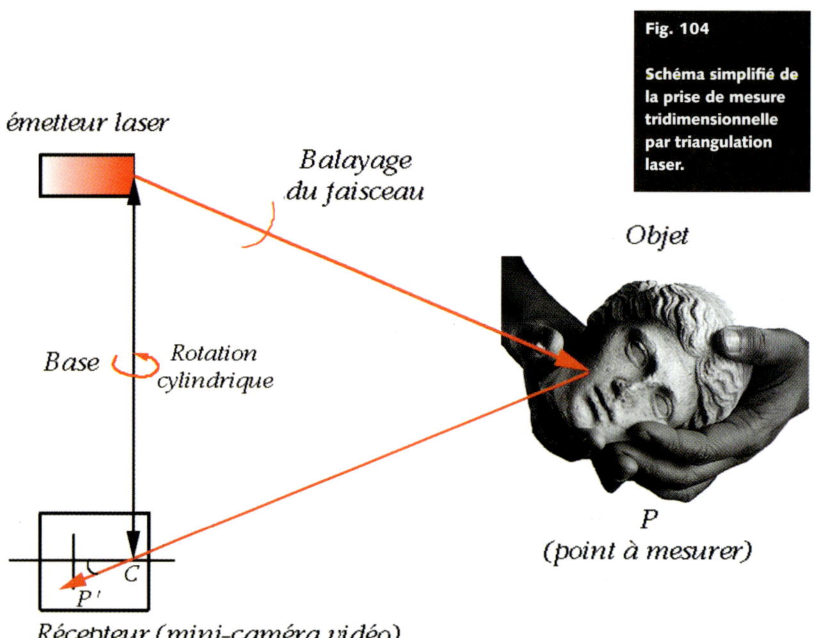

Fig. 104

Schéma simplifié de la prise de mesure tridimensionnelle par triangulation laser.

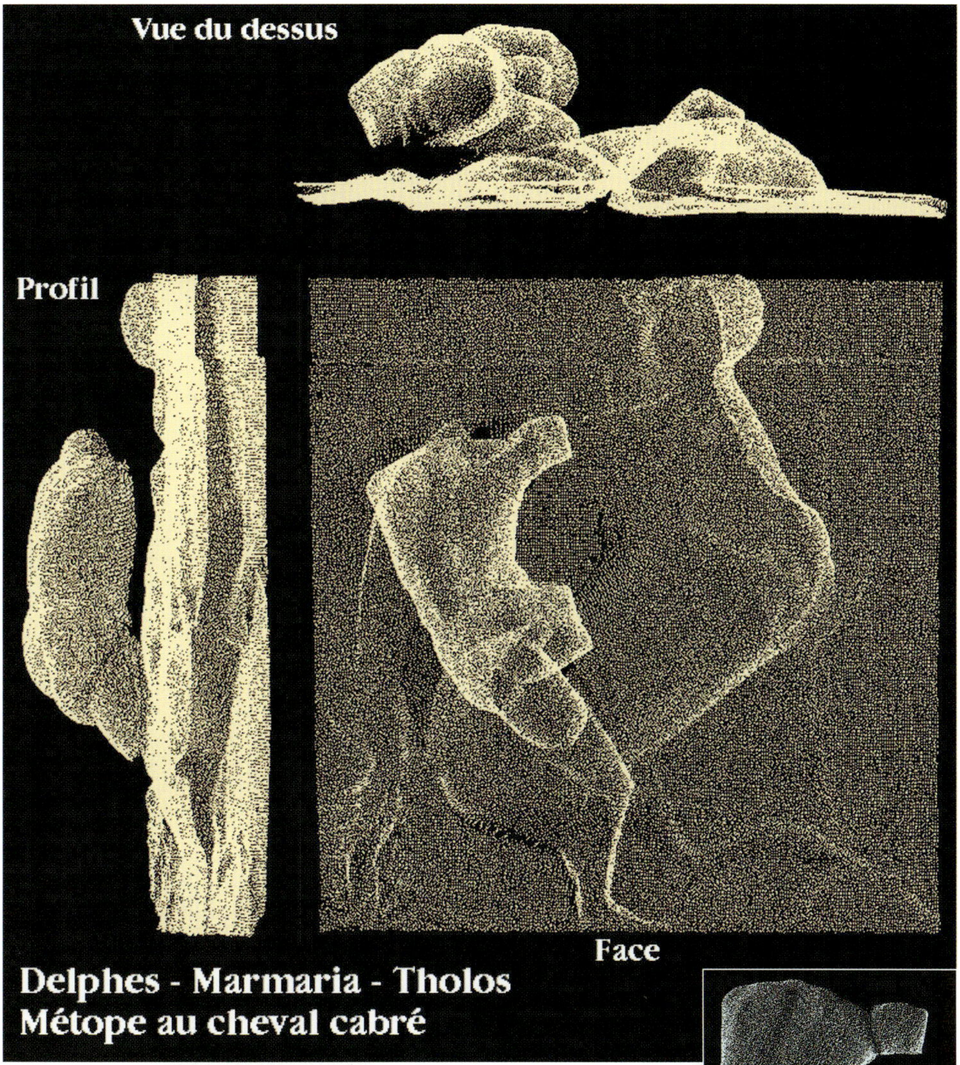

Vue du dessus

Profil

Face

Delphes - Marmaria - Tholos
Métope au cheval cabré

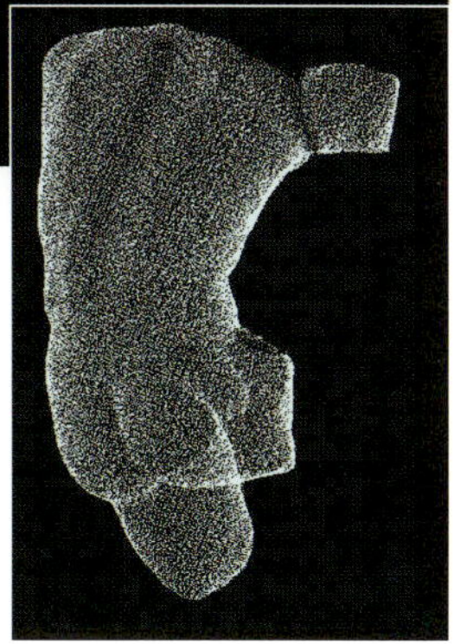

Fig. 105

Un nuage de points peut être visualisé sous tous les angles. Une partie peut en être extraite. Il s'agit d'une photographie tridimensionnelle.

Le faisceau balaye la scène avec un pas choisi par l'utilisateur en fonction de la densité de points désirée : plus le pas est petit, plus le nombre de points est grand et plus la conformité avec le réel est élevée. On parle d'un nuage, formé de milliers voire de millions de points. SOISIC travaille à la cadence de 100 points saisis par seconde. La précision de mesure atteint le millimètre pour un objet situé à 5 mètres du capteur. La portée du laser dépasse 30 mètres. Une série de prises de mesures selon des points de vue différents est nécessaire pour enregistrer complètement l'objet. Parallèlement à la mesure laser, une caméra vidéo capture la couleur des surfaces. En définitive, ce mode de relevé est d'utilisation souple pour une densité et une qualité d'enregistrement inégalées.

3Dipsos est un logiciel interactif qui permet de visualiser les nuages de points, de les assembler et de créer des entités mathématiques (courbes, surfaces

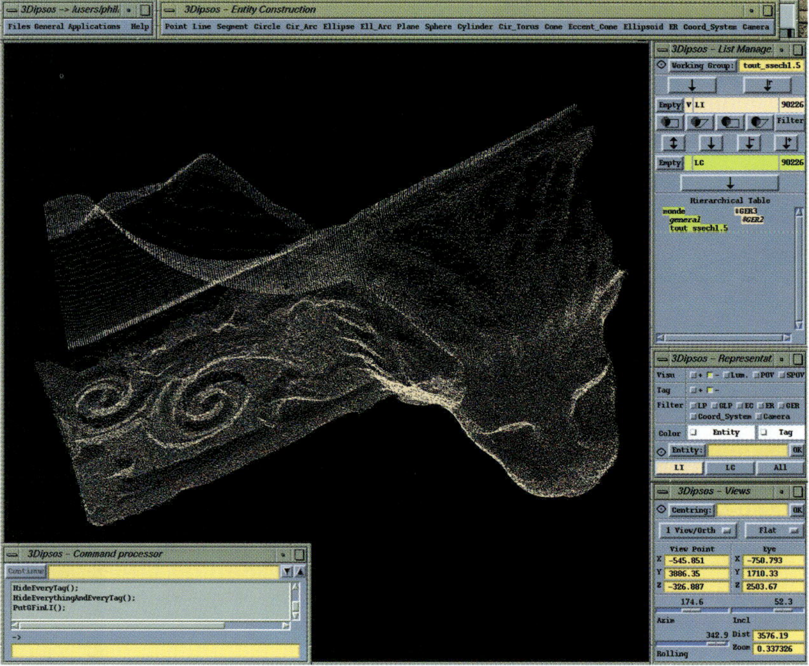

et volumes) au plus près des points, pour être au plus près du réel. Il permet également de plaquer sur les surfaces les images vidéo captées par SOISIC.

b. Une numérisation en Grèce

Une campagne a été menée à Delphes en juin 1995 pour numériser différents éléments présents sur le site de Marmaria ou dans les salles et réserves du musée. Cette campagne tenait compte de l'intérêt archéologique des objets, de leur complexité géométrique ainsi que des risques de mauvaise manipulation. Par exemple, SOISIC a été déplacé autour des étagères dans les réserves du musée pour mesurer les tuiles de marbre de la tholos, pesant près de 100 kg, sans les manipuler. En revanche, les objets de petite taille ont été placés sur un plateau pivotant devant le capteur.

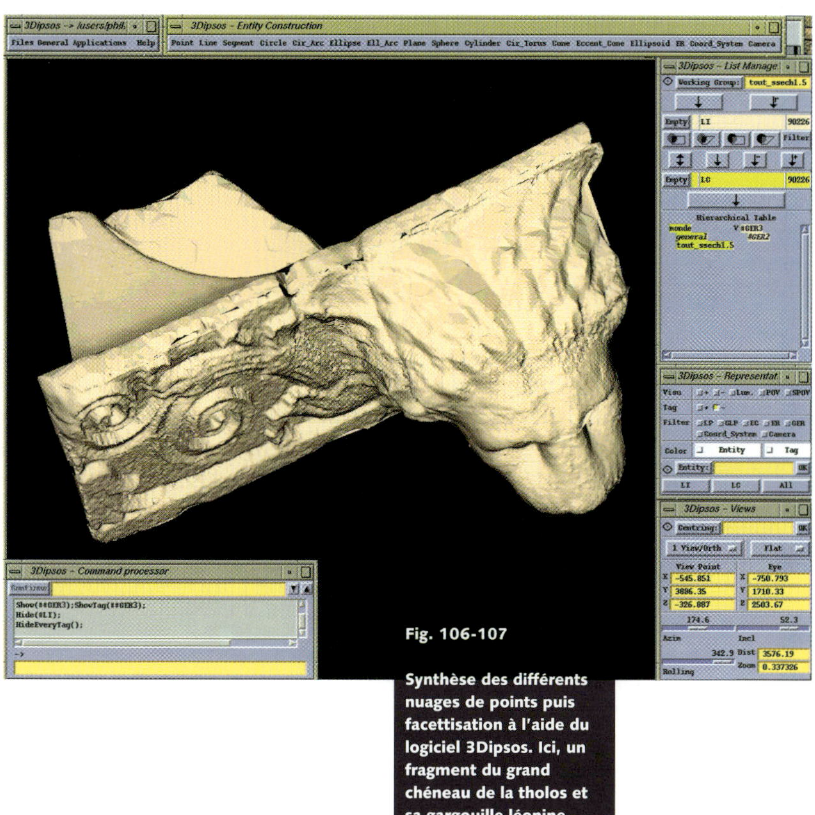

Fig. 106-107

Synthèse des différents nuages de points puis facettisation à l'aide du logiciel 3Dipsos. Ici, un fragment du grand chéneau de la tholos et sa gargouille léonine.

Fig. 108-109

Le nuage facettisé est un moulage précis de l'objet antique. Il permet d'archiver des objets complexes (p. 116 fig. 108 : métope au cheval cabré de la tholos) et des variations infimes de surface (p. 117 fig. 109 : chapiteau archaïque du premier temple en tuf).

En dépit de conditions rudes (chaleur perturbante pour le capteur lors des dernières prises de vue, forte exposition solaire éblouissant la caméra, dénivellation dangereuse des pentes du mont Parnasse lors du transport du capteur sur la terrasse de Marmaria), les objectifs de la campagne ont été atteints dans le temps imparti. Près de quatre millions de points ont été enregistrés en 66 heures, correspondant à 135 prises de vue. À titre d'exemple, il a fallu seulement 3 heures pour relever 100 000 points sur une tête de lion.

c. Une reconstruction virtuelle en France

Une fois les objets enregistrés par SOISIC, les mesures ont été exploitées en France, sur le site de la Direction des Études et Recherches d'EDF à Clamart, au moyen de 3Dipsos. Grâce à l'interactivité du logiciel et des stations de travail Silicon Graphics, les fragments de statue dansent à l'écran, l'archéologue choisit interactivement l'angle d'observation, resserre ou bien agrandit sa vue sur le

nuage de points, en toute liberté. Il peut aussi reconstituer des surfaces « au plus près du réel » et vérifier des hypothèses archéologiques.

La restitution des surfaces « au plus près du réel »

Les différents nuages saisis sur un objet depuis différentes positions du capteur sont tout d'abord fusionnés pour former un seul nuage exhaustif. Le buste de statue d'acrotère est ainsi décrit par 240 000 points, correspondant à quatorze prises de vue différentes. Le nuage final présente une densité de points maximale (deux points tous les millimètres), permettant un archivage tridimensionnel poussé. De même, cinq prises de vue ont suffi au relevé de la métope au cheval cabré de la tholos (65 x 65 cm).

Le nuage est lissé afin de réduire le bruit de la mesure, en s'appuyant sur la redondance de la couverture de points. Il faut ensuite créer une représentation mathématique des surfaces décrites par les points. La méthode retenue consiste à relier trois points par trois arêtes, de façon à former un triangle. De cette manière, le maillage final découle directement des points relevés sur le terrain. En pratique, 3Dipsos permet de mailler rapidement un ensemble de points associés à une géométrie plane, sphérique ou cylindrique, par un assemblage de triangles connectés. Dans le cas des drapés fortement repliés, l'utilisateur découpe le nuage en sous-nuages maillables.

Des vérifications géométriques

La densité de points obtenue et la précision atteinte assurent une fidélité d'enregistrement inédite. Ces possibilités ont été exploitées pour éclairer, par une approche géométrique, quelques-unes des questions restées jusqu'à présent sans réponse.

En s'appuyant sur les points mesurés sur les fragments de tuiles de la tholos (plus d'un point tous les 3 millimètres), les lignes d'arêtes ont pu être calculées, livrant les angles entre les différents couvre-joints. Ce résultat, qui confirmait les données recueillies jusque-là manuellement, a permis d'asseoir l'hypothèse d'une toiture octogonale. Quant au diamètre de la tholos à l'altitude des chéneaux, il a pu être contrôlé à partir des points enregistrés sur une bande étroite, située sous les rinceaux. L'hypothèse émise par Didier Laroche qui voulait que les deux chéneaux, de même diamètre, aient été successifs et non contemporains, a pu ainsi recevoir un fondement géométrique.

Dans le cas des colonnes de la tholos remontées sur le site, un enregistrement dense a été mené afin de vérifier l'exactitude de l'alignement des différents tambours, et de confirmer ou d'infirmer la validité de l'anastylose à cinq tambours. Celle-ci, proposée dans les années 30, donnait une ligne très élancée et peu « classique » à l'ensemble de l'édifice. L'hypothèse n'avait pas encore reçu l'approbation de l'ensemble de la communauté scientifique internationale. Les mesures relatives aux éléments de remplissage ont été éliminées. L'alignement des axes des différentes cannelures a été vérifié, pour chaque tambour, sur les pierres, remplissage exclu. Les résultats obtenus ont conduit à considérer comme valide l'hypothèse des cinq tambours et à la retenir dans les maquettes.

d. Les premiers essais d'anastylose virtuelle

Il est possible de réaliser un « collage virtuel » des fragments d'un même objet en se libérant totalement des contraintes de poids, toujours très importantes dès que l'on s'intéresse à l'archéologie monumentale : à l'aide de 3Dipsos, les blocs virtuels sont rapprochés les uns des autres de façon à résoudre sur l'écran de l'ordinateur le puzzle tridimensionnel de l'objet originel brisé. Cette manipulation virtuelle des objets s'apparente à une anastylose. Les différents fragments de statue d'acrotère ont été accostés de cette manière. De même, les fragments de colonnes corinthiennes de la tholos, taillés dans un marbre compact et pesant chacun plusieurs dizaines de kilogrammes, ont pu être assemblés sans effort.

L'assemblage virtuel évite ainsi les risques de mauvaise manipulation, pour l'homme et les œuvres, et permet de tester plusieurs positions pour chaque bloc. Cela s'avère particulièrement utile lorsque les éléments ne présentent plus de surfaces de contact, soumettant l'archéologue à un casse-tête où seuls des essais multiples permettent d'arriver à une esquisse de résultat.

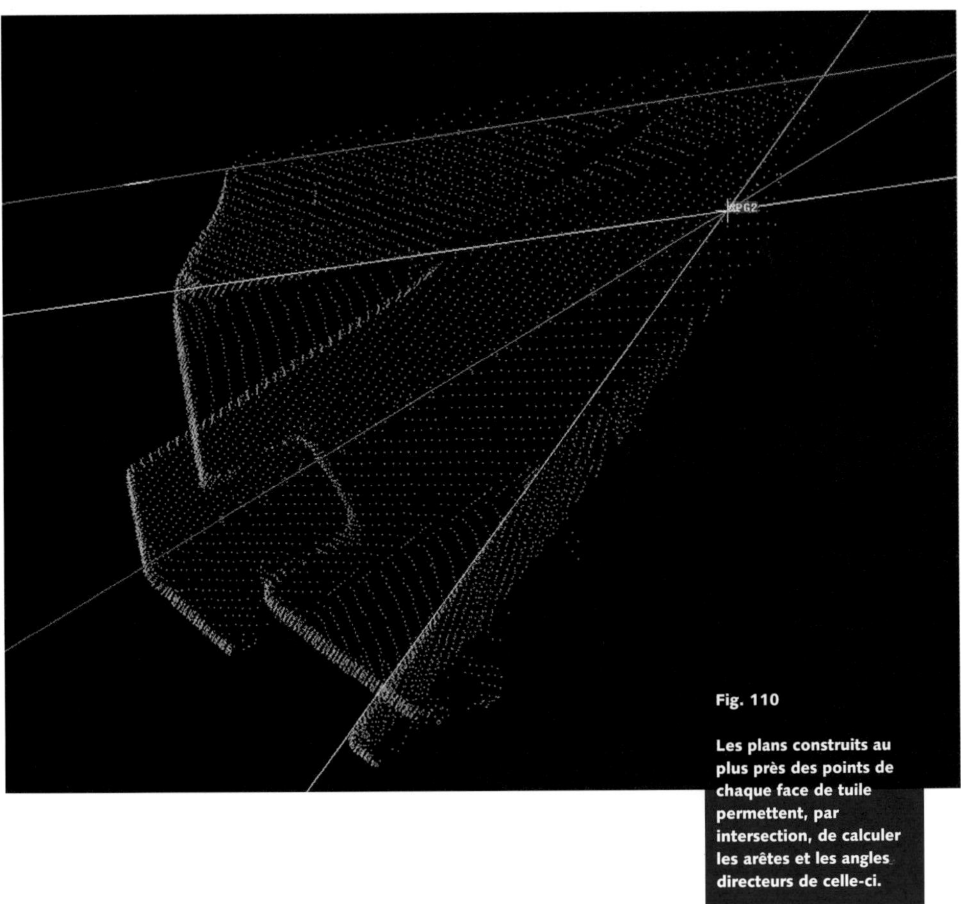

Fig. 110

Les plans construits au plus près des points de chaque face de tuile permettent, par intersection, de calculer les arêtes et les angles directeurs de celle-ci.

Fig. 111

Le modèle PDMS de la tholos est complété par les objets complexes dont les géométries ont été saisies à l'aide du scanner SOISIC.

Essai provisoire de restitution comportant le toit 1 et le chéneau 2.

e. Une intégration des sculptures dans l'architecture

Les modèles architecturaux issus de PDMS et les éléments de sculpture obtenus à l'aide de SOISIC-3Dipsos ont été fusionnés sur un terrain neutre, celui de l'imagerie de synthèse. Cette passerelle se révéla aussi d'un grand intérêt lors de la modélisation finale, sur micro-informatique cette fois, de certains chapiteaux de la tholos, que réalisa Didier Laroche lui-même.

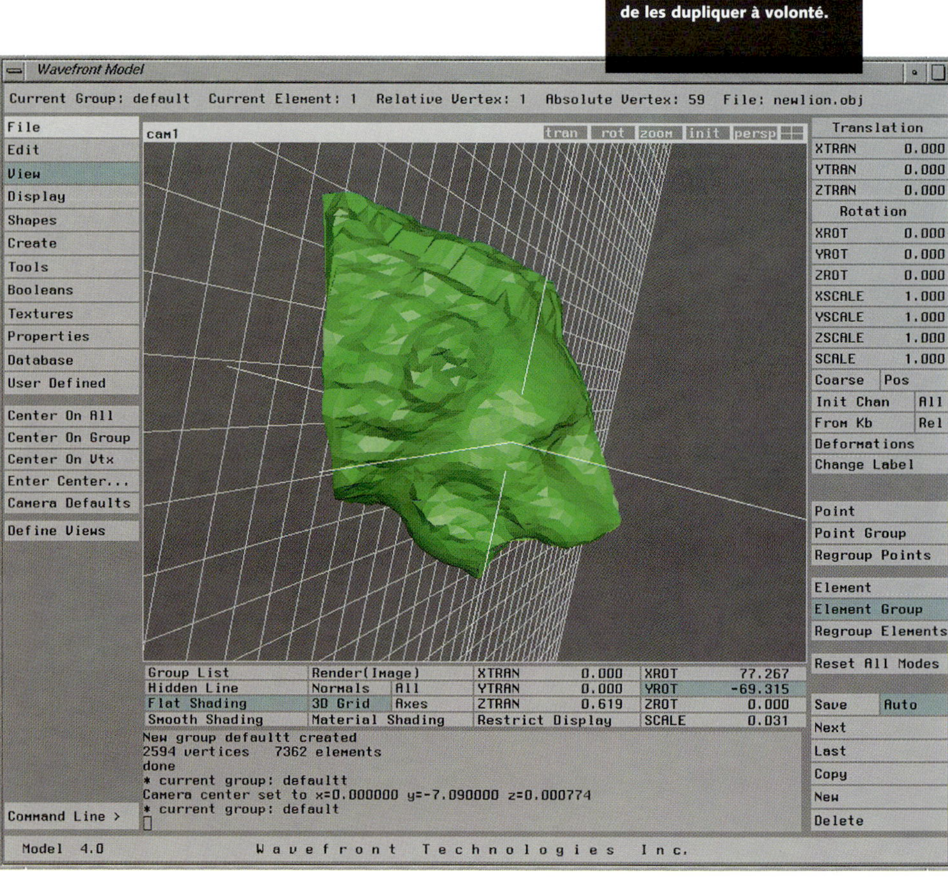

Fig. 112

Les modèles facettisés sont traités à l'aide d'un module d'imagerie de synthèse. Le moduleur permet alors de « restaurer virtuellement » les objets fragmentaires et de les dupliquer à volonté.

Cependant, certains nuages facettisés associés à des objets de petite taille étaient néanmoins équivalents, par leur complexité, à la maquette informatique d'un édifice entier. Même les plus puissantes machines actuelles ne pouvaient en venir à bout. Qui plus est, la densité des mesures n'était pas toujours nécessaire, en fonction de la distance d'observation. Un algorithme expérimental a simplifié les modèles en fonction de la distance du spectateur par rapport à la scène.

5. L'insertion dans un paysage virtuel

(par Philippe Martinez)

Les projets précédents avaient vu la modélisation d'édifices installés sur un sol plat. La modélisation d'un site tel que celui de Delphes, où les monuments, accrochés sur des terrasses aménagées à grand-peine par les hommes, font partie intégrante d'une mise en scène majestueuse, posait d'autres questions.

Les informations disponibles sur la topographie du sol antique se limitaient à un levé réalisé en 1922 dont moins de cent points avaient été positionnés sur les monuments proprement dits. En complément, l'École française d'Athènes fut en mesure de fournir le relevé topographique des courbes de niveaux concernant la zone entourant directement la terrasse de Marmaria. Didier Laroche compléta ces données en formulant une hypothèse nouvelle sur les différentes dénivellations et les rampes permettant la circulation d'un niveau à l'autre. Les différents espaces de la terrasse de Marmaria ont ainsi été modélisés, de manière schématique mais évocatrice.

Le résultat n'est certes pas la partie la plus précise de ce travail. Sans doute les aquarelles de Jean-Claude Golvin rendent-elles mieux ce contexte montagneux si caractéristique de Delphes. Néanmoins, le modèle numérique de terrain permet de positionner les monuments les uns par rapport aux autres. Ils retrouvent leur vraie place dans un site qui les circonscrit et leur confère à la fois une unité et une grande partie de leur force monumentale.

6. Modèles, matériaux, ombres, incrustations

(par Didier Bur et Bertrand Courtois)

Le calcul final des images de synthèse constitue une tâche délicate. En effet, comment restituer, pour un ensemble architectural représenté par des millions de données, tous les éléments architectoniques avec leurs reliefs et leurs couleurs dans leurs moindres détails (de l'ordre de quelques millimètres parfois), pour des points de vue lointains aussi bien que très proches ? Ce calcul nécessite en outre de déterminer les différents points de vue, les aspects de surface et l'illumination virtuelle du site (génératrice d'ambiances et d'ombrages).

Fig. 113

En vue d'incruster le modèle numérique dans un décor réaliste, une visualisation filaire du modèle est calée sur les ruines visibles sur un cliché actuel du site.

Pour le site de Marmaria, les options retenues ont été les suivantes.

A. Un seul modèle tridimensionnel de chaque édifice est insuffisant : tout élément architectural doit faire l'objet de deux modélisations : une détaillée et une simplifiée, cette dernière étant automatiquement calculée d'après la première à l'aide d'un algorithme de simplification.

B. Les positions de caméra virtuelle (points de vue) ont été déterminées sur écran à la Direction des Études et Recherches d'EDF, à l'aide d'un dispositif de visualisation « temps réel » : les modèles 3D simplifiés sont affichés en fil de fer à l'écran et la caméra est guidée par l'opérateur, à partir des directives d'un archéologue. Les différents paramètres de la caméra (position, mire, focale, cadrage) pour chaque vue ont été transmis à l'École d'Architecture de Nancy.

Fig. 114

Les modèles peuvent être revêtus de textures décoratives complexes permettant d'intégrer ce qui est connu de la polychromie antique des monuments. Ici, le trésor dorique.

C. Le choix des couleurs et des textures appliquées sur les modèles numériques a fait l'objet d'une attention particulière en réponse au soin apporté à la modélisation des détails architecturaux. La modélisation bloc à bloc du temple en calcaire a permis des variations de texture sur chaque élément des parois.

Plusieurs types de textures ont été utilisés, et ce en fonction des points de vue :

— des couleurs ou aspects de surface simples affectés aux surfaces ;

— des textures bidimensionnelles projetées sur les polygones ;

— des textures tridimensionnelles (procédurales) pour les matériaux « aléatoires » (bois, pierre, etc.).

Les couleurs simples ont été déterminées à l'aide d'un nuancier Pantone d'après les fragments issus des fouilles sur lesquels des traces de coloration subsistaient. Les textures bidimensionnelles ont été spécialement créées pour ce projet : ce sont des images de frises, métopes, frontons, restituées par les architectes du XIXe siècle, des images scannérisées de blocs photographiés sur le site et pris comme « échantillons » : en effet de tels blocs (lissés sur leur pourtour et bouchardés au centre) doivent recevoir une texture adaptée et spécialement réalisée pour eux, sous peine d'amoindrir l'art savant des architectes antiques. Les textures représentant des frises, métopes, becs de corbin, ont été utilisées pour des points de vue lointains sur les modèles simplifiés afin d'accélérer les temps de calcul des images. Les vues de détail s'appuient quant à elles sur les modèles détaillés pour lesquels les facettes ont été colorées par type et par groupe. C'est le cas par exemple des motifs de perles et pirouettes. Les textures tridimensionnelles ont pour leur part été utilisées pour la représentation de matériaux tels que bois, métal, stuc, terre cuite... Les couleurs des composantes de ces textures ont été déterminées de la même manière que les couleurs simples à partir de l'analyse des fragments issus des fouilles.

D. L'illumination de la scène informatique (qui peut varier sur chaque image) dépend, pour des images diurnes, essentiellement de la position de la source lumineuse à rayons parallèles qu'est le soleil, de la couleur de la lumière émise par cette source, et enfin du mode de calcul des ombres. La position du soleil (choisie à l'Est) respecte évidemment l'orientation géographique du site de Marmaria : le soleil assez haut dans le ciel illumine le flanc de la montagne et l'inclinaison des rayons lumineux (qui détermine la plus ou moins grande portée des ombres) a paru convenir pour évoquer une ambiance type (matin d'une journée d'été) telle qu'elle pouvait baigner le site à l'époque. Ce choix dépend également de l'image de fond du site réel dans le cas où l'image virtuelle doit y être incrustée. Outre le soleil, une lumière ambiante assez élevée qui diminue le contraste entre zones dans l'ombre et zones éclairées a paru adéquate pour restituer l'atmosphère générale de ce site montagneux de Grèce continentale. Cela étant, nous avons opté pour une transition franche et directe entre lumière et ombre, caractéristique des sites méditerranéens.

Le mode de calcul des ombres est le lancer de rayon : celui-ci permet, outre le calcul des transparences et réflexions des différents objets les uns par rapport aux autres, un calcul d'ombres autoportées par les objets, portées d'un objet sur un autre et sur le sol.

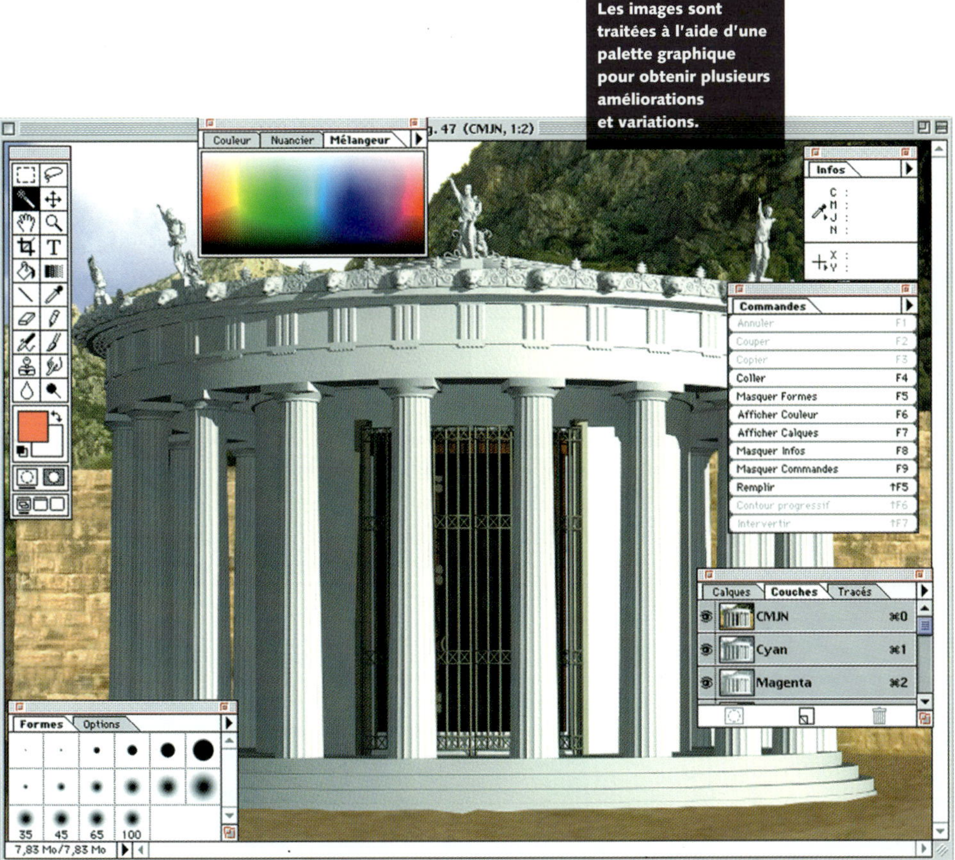

Fig. 115

Les images sont traitées à l'aide d'une palette graphique pour obtenir plusieurs améliorations et variations.

E. L'étape ultime de réalisation des images est leur calcul par le logiciel de synthèse d'images : des images test sont calculées pour des adaptations de détail sur les différents paramètres, puis les images finales sont calculées sur des stations de travail Unix de grande puissance (Silicon Graphics Impact) dédiées au travail graphique. Le point de vue choisi pour une image donnée détermine les éléments architecturaux à charger en mémoire, le type de modèle utilisé (simple ou détaillé), les types de matériaux de synthèse employés, la position des sources lumineuses et l'ambiance générale à donner à l'image.

La complexité des modèles 3D (des centaines de milliers de polygones lorsque le point de vue embrasse plusieurs édifices), la sophistication et la multiplicité des textures, la taille élevée des images (au minimum 1280 x 1024 pixels) a conduit à observer des temps de calcul allant jusqu'à 9 heures pour les images les plus complexes. Le temps moyen de calcul, évalué a posteriori, s'élève à 4 heures par image, soit plus de 250 heures pour l'ensemble des illustrations de cet ouvrage.

F. Enfin, nous disposons d'une part d'images photographiques numérisées du site tel qu'il se présente aujourd'hui et d'autre part d'images calculées à partir des modèles tridimensionnels des édifices restitués à l'aide de l'outil informatique.

Le processus d'incrustation comprend la recomposition de plusieurs photographies numérisées en une image unique : recadrage, balance des couleurs, homothétie, jonction entre images, etc. sont autant de difficultés pour obtenir un « fond d'incrustation » parfait. Ce dernier n'est obtenu qu'après élimination de tous les éléments inutiles à la restitution (tels que ruines d'édifices, blocs épars, végétation, personnages ou objets contemporains).

Une analyse des photographies du site réel a permis d'en retirer des informations nécessaires à un calcul d'images virtuelles prenant en compte des paramètres tels que la position du soleil, les conditions atmosphériques, la profondeur de champ, la puissance et la netteté des ombres, position de la caméra, mire, focale. Cela permet de mettre en correspondance le virtuel et le réel dans une composition perspective parfaite.

Le travail final consiste à intégrer l'image de synthèse dans l'image réelle en respectant les interactions entre ces deux mondes : projection d'ombres de synthèse, lumières réémises vers l'environnement, premiers et seconds plans, etc.

On comprendra que l'incrustation d'une image de synthèse dans un environnement réel est dès lors un processus souvent aussi complexe que le calcul de l'image virtuelle elle-même.

Conclusions

Le projet Marmaria constitue une nouvelle expérience pour les trois équipes qui ont participé à sa réalisation et pour les archéologues spécialistes du site. Il a permis d'accomplir des progrès significatifs dans l'acquisition et le traitement de milliers de données, dans le rendu des détails en raison de l'insertion des reliefs sculptés, dans la recherche de la cohérence architecturale et dans l'intégration de sa topographie naturelle.

Le niveau de détail obtenu permet non seulement d'utiliser la maquette numérique pour des productions d'images de définition moyenne (CD-ROM ou Internet), mais aussi pour des images en très haute définition (films 35 mm ou ouvrages d'art). Elle autorise aussi — il faut le souligner car c'est une retombée inédite de nos travaux — la production de répliques en résine, à des échelles variées, pour des expositions. L'archivage précis du site de Marmaria peut être en effet transféré à distance pour fabriquer un fac-similé fidèle à n'importe quelle échelle.

Pour les archéologues, architectes et informaticiens, ce travail n'est qu'une étape dans un processus de recherche qui se poursuit. Au fur et à mesure de l'évolution des connaissances archéologiques, la maquette informatique sera appelée à évoluer. Dans le même temps, des progrès seront sans aucun doute accomplis dans la maîtrise de nouveaux outils :

— l'anastylose virtuelle sera vraisemblablement assistée d'un certain nombre de logiciels qui guideront l'archéologue informaticien dans sa recherche ;

— le surfaçage des éléments sculptés saisis par la méthode laser deviendra automatique et de nouveaux logiciels faciliteront leur insertion dans le modèle architectural ;

— l'organisation des bases de données et l'augmentation de la puissance des calculateurs permettront bientôt une véritable promenade en réalité virtuelle.

Le projet Marmaria, perçu au départ comme une opération d'urgence, est devenu une œuvre de longue haleine. Il aura mis plus de 18 mois à éclore, permis de concevoir un nouveau vocabulaire numérique et de créer une base de données de l'ensemble des monuments, pour certains d'une richesse architecturale exceptionnelle. Cette base devra croître encore pour accueillir les édifices du sanctuaire d'Apollon. Au total, quatre équipes pluridisciplinaires auront été unies dans l'effort pour ce projet enthousiasmant.

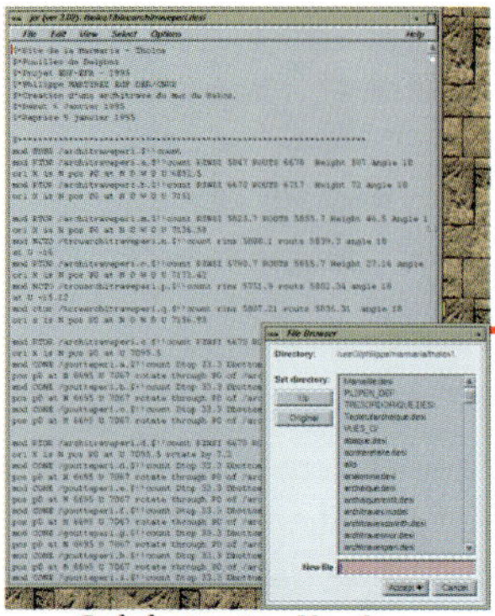

Saisie textuelle des données métriques (éditeur de texte JOT)

Construction d'un modèle géométrique (PDMS)

Saisie tridimensionnelle sur le terrain (SOISIC)

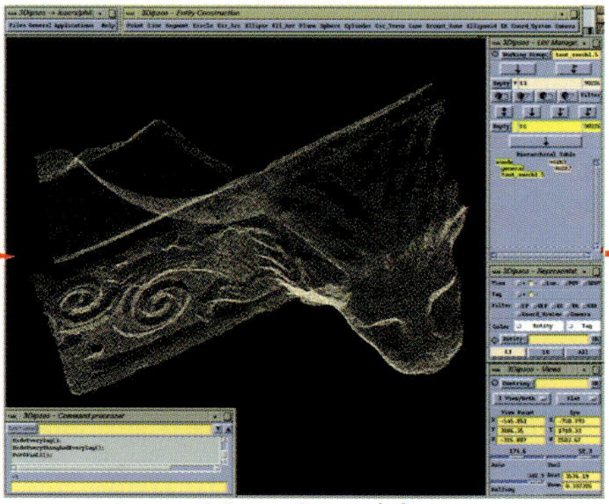

Assemblage des saisies en un nuage de points (3Dipsos)

Image finale

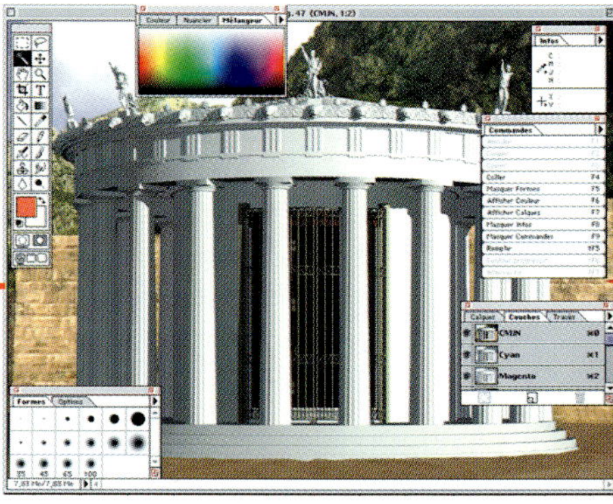

Retouches à la palette graphique (Adobe Photoshop)

Fig. 116

Récapitulation des différentes étapes nécessaires pour l'obtention d'images de synthèse réalistes des monuments du site de Marmaria à Delphes. La partie encadrée décrit la création de la base de données, précédant la mise en œuvre effective des images.

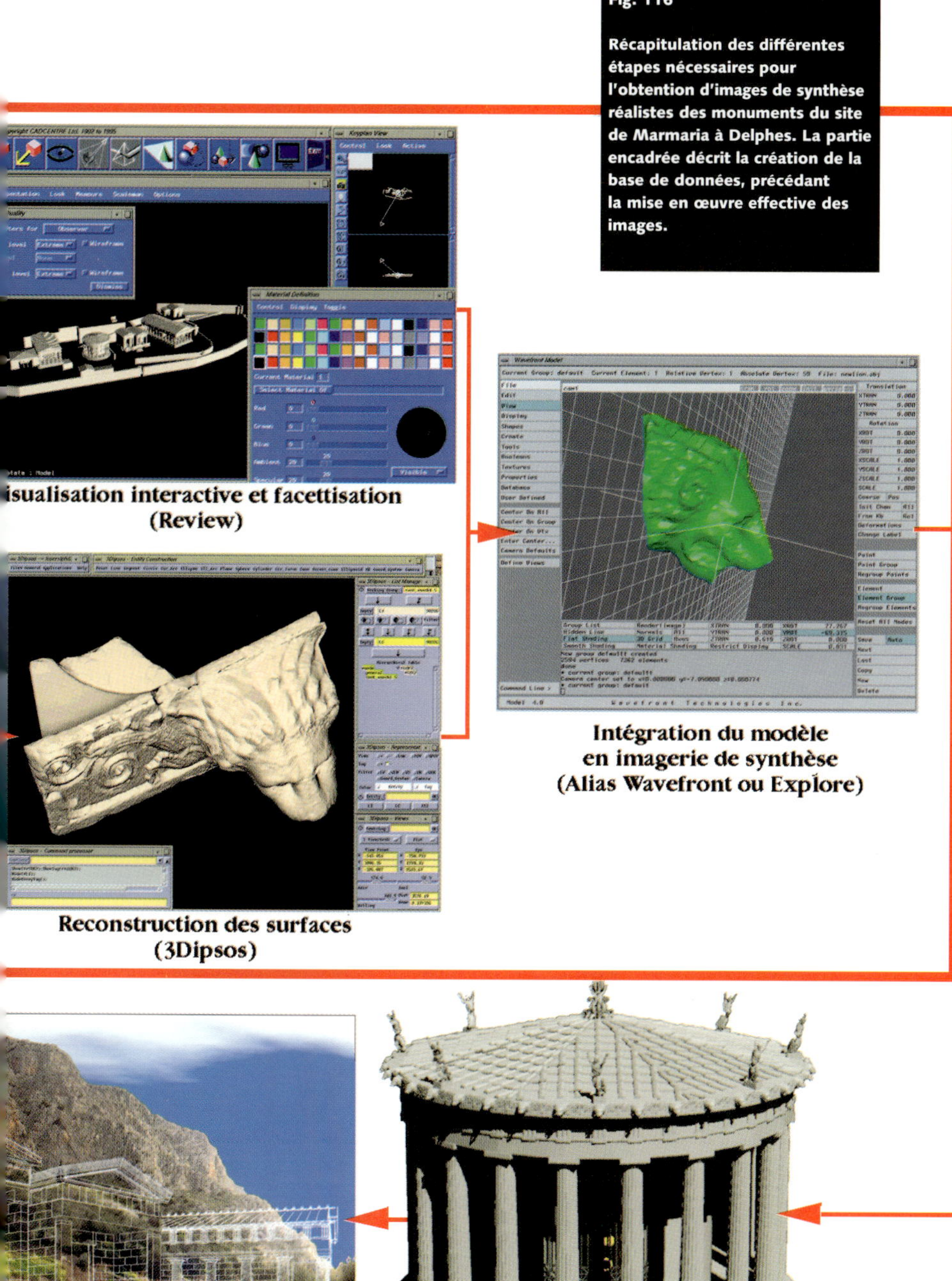

Indications bibliographiques

1. À l'usage du monde scientifique, l'École française d'Athènes publie ses travaux delphiques sous plusieurs formes :

— Articles signalant les travaux (« chroniques ») ou étudiant des points particuliers, qui paraissent d'habitude dans sa revue, le *Bulletin de Correspondance hellénique*. Un volume supplémentaire a été entièrement consacré à Delphes en 1977.

— *Fouilles de Delphes* : publication systématique et détaillée, en cours depuis le début du siècle (plusieurs tomes consacrés à Marmaria).

— *Corpus des Inscriptions de Delphes* : inscriptions classées d'après leur contenu.

— Monographies sur des sujets particuliers (histoire, religion, art, etc.).

2. À l'usage du public cultivé, l'EFA a fait paraître :

— *Guide de Delphes. Le site* (1991), par J.-Fr. Bommelaer et D. Laroche.

— *Guide de Delphes. Le musée* (1991), ouvrage collectif.

— *La redécouverte de Delphes* (1992), ouvrage collectif.

Pour 1 et 2, la diffusion est assurée à Paris par De Boccard.

3. Les questions touchant à l'histoire et à la topographie de Marmaria, ainsi qu'à la tholos, ont été profondément renouvelées ces dernières années, de sorte que les livres qui traitent de Delphes en général sont dépassés sur ces sujets. Outre le *Guide du site*, on verra :

— *Delphes, centenaire de la « grande fouille » de l'École française d'Athènes (1892-1903)*, Actes du colloque Strasbourg 1991 (Travaux du CRPOGA 12, diffusion De Boccard, 1992) : articles de S. Müller, J. Marcadé et D. Laroche.

— J.-Fr. Bommelaer, « Sur quelques nouveautés de l'architecture du IVème siècle », in *Le IVème siècle, approches historiographiques*, Actes du colloque Nancy 1994 (Université Nancy II, 1996).

Table des illustrations

Fig. 88. Fragment de pied de trépied en bronze de style géométrique.
Fig. 89. Skyphos corinthien en terre cuite de style géométrique.
Fig. 90. Statuette fragmentaire en bronze provenant de l'anse d'un trépied de style géométrique.
Fig. 91. Sirène en bronze provenant du rebord d'un chaudron du VIIe s.
Fig. 92. Protomé (avant-train) de griffon provenant du rebord d'un chaudron du VIIe s.
Fig. 93. Fragment de support en bronze du VIe s.
Fig. 94. Statue péplophore (habillée du « péplos ») en marbre de style sévère.
Fig. 95. Base *34 devant les trésors.
Fig. 96. La première partie du travail se fait à l'aide d'un simple traitement de texte, sous forme de macro-instructions.
Fig. 97. Interface utilisateur du logiciel PDMS © CADCentre. PDMS permet de créer une maquette virtuelle à partir d'entités géométriques simples.
Fig. 98. Quelques éléments du vocabulaire architectural classique créé à l'aide de PDMS.
Fig. 99. La modélisation des trésors comporte des éléments surfaciques complexes. Ici, des éléments du trésor éolique.
Fig. 100. Étapes principales de la création du modèle de la tholos.
Fig. 101. Le module Review permet de visualiser la maquette de façon interactive et de définir des points de vue.
Fig. 102. Le modèle « maçonné » permet de monter et démonter l'architecture à volonté…
Fig. 103. Le scanner tridimensionnel SOISIC à pied d'œuvre sur la terrasse de Marmaria.
Fig. 104. Schéma simplifié de la prise de mesure tridimensionnelle par triangulation laser.
Fig.105. Un nuage de points peut être visualisé sous tous les angles. Une partie peut en être extraite. Il s'agit d'une photographie tridimensionnelle.
Fig. 106-107. Synthèse des différents nuages de points puis facettisation à l'aide du logiciel 3Dipsos.
Fig. 108-109. Le nuage facettisé est un moulage précis de l'objet antique. Il permet d'archiver des objets complexes et des variations infimes de surface.
Fig. 110. Les plans construits au plus près des points de chaque face de tuile permettent, par intersection, de calculer les arêtes et les angles directeurs de celle-ci.
Fig. 111. Le modèle PDMS de la tholos est complété par les objets complexes dont les géométries ont été saisies à l'aide du scanner SOISIC.
Fig. 112. Les modèles facettisés sont traités à l'aide d'un module d'imagerie de synthèse.
Fig. 113. En vue d'incruster le modèle numérique dans un décor réaliste, une visualisation filaire du modèle est calée sur les ruines visibles sur un cliché actuel du site.

H.T. 3

L'ensemble du site antique vu du Sud, restitution aquarellée.

H.T. 4

Le sanctuaire d'Athéna vu du Sud, restitution aquarellée.

LAVAUZELLE GRAPHIC
IMPRIMERIE A. BONTEMPS
87350 PANAZOL (FRANCE)
N° Imprimeur : 6076042-96
Dépôt légal : Avril 1997